「ヤフオク!」と「廃材」で格安開業!

自分の手で店をつくる

カフェ・スペイキャスト店内

通りから見えるのは
看板のみ
隠れ家カフェ

店の外には
シンボルツリーの
柿の木

土台も柱も
全部手づくり

落ち着きのある
空間

グランドピアノの
天板も
ヤフオクで落札
（テーブルに転用）

ジャズが
流れる店内

人気のメニュー
「アジアのカレーランチ」

自家製デザート
「ココナッツミルクのムース、
マンゴーソースがけ」
常にあるわけじゃない
幻のデザート

はじめに

「お金をかけない店づくり・カフェなどの開業」を模索してみたい方へ

もしあなたが「これからお店をはじめたい」と考えてみた時、さしあたって何が一番の問題となるでしょうか？

①　どんなお店をどこではじめたらいいのか（開業コンセプト・経営企画）
②　その開業資金をどう調達するか（資金）
③　そのための店舗はどうするか（建物）
④　店の内装・インテリアはどうするか（店舗施工）
⑤　メニューやその他、こだわり部分の開発をどうするか（営業企画）
⑥　営業に必要な人手はどうするか（人材確保）

等々、ざっと考えただけでもさまざまな問題が浮かんできます。

フツーにお店を開業するとなれば、まずこれらの問題を検討しながら解決方法を模索していくということになるのでしょう。なかでも最大の問題は開業資金、つまりお金をどうするかということになりそうです。数多く出版されている店舗オーナーたちの体験談や開業ノウハウをまとめた本などにも、その辺の苦労話がつきません。

やはり開業資金の調達というのは、お店づくり最大のハードルなのでしょう。いかにして開業に必要なお金をつくるのか、皆さん、大変な苦労をしているわけですね。

もちろん、私もそうでした。私の場合、自分なりの開業コンセプトは、はっきりしていました。強度の腰痛でいき詰まってしまった田舎暮らしを打開するため、人生最後の仕事として洒落たジャズカフェを開業したい、そのための店をつくりたいと考えたのです。

場所は自宅の敷地内。そのための土地も確保していました。まあ、ここまではそれほど珍しくないケースだともいえるでしょう。ただ、そこから先が「フツーの店づくり」とはちょっと違っていたのです。

開業を決めたら、こんどはその次に考えなければいけない開業資金の準備・調達。それをすぐにあきらめてしまったのです。どうしてかというと、それくらい経営見通しが立てにくい場所での開業プランだったからです。

開業予定地、つまり自宅があるのは伊豆大島という離島の片隅、集落からも離れた場所でした。専門家に相談すれば、間違いなく「やめておけ」といわれるであろう悪い立地、辺鄙な場所での開業プランと、あまりに少ない手持ちの開業資金。そんな状況の中で、私は店づくりを考えていたのです。

実際に「カフェをつくろう」と考えた時に持っていた、そのために使える手持ちのお金は１００万円少々。これで自宅脇に20坪程度の店を開業しよう、しかもゼロから建てようと考えていたのですから、少なくとも常識的とはいえない発想でした。まあ、まともな考えではないともいえるでしょう。

いくらお店をはじめたいからといっても、借り入れ資金の返済見通しがまるで立てられないような開業プランでは、金融機関などから普通にお金を借りるわけにはいきません。そんな計画では貸す側からも断られるのがおちです。

私の場合、やむを得ず残された道として「お金をかけずに店をつくる、お金がなくても開業できる」方法を模索せざるを得なかったのです。まさに「フツーじゃない店づくり」のはじまりでした。

要するに、どんなお店をはじめたいのかという開業コンセプトだけはあって、その他のものはまるでなし。満足な開業資金すらない、という状況の中で店づくりをはじめてしまったのでした。

この本は、私が自分の手でつくった小さなカフェ「スペイキャスト」の建築から開業までの記録です。カフェをはじめるいきさつ、建物の設計や構造、材料の入手から内装、インテリアや開業に至るまでの準備など細かなことが書き込まれています。

その実践過程が「フツーじゃない」といえる最大の理由は、まともな建築・開業資金が使われていないということです。この店づくりには、最終的に総額で２４０万円程度のお金しか使われていません。これは都市の繁華街で小さな貸し店舗を借りる資金にも足りるかどうか、という程度の金額です。いくら私が住んでいる所が田舎、島とはいえ、少なくとも常識的な店づくりや開業を考えるそれではありません。絶対に無理ともいえる額なのです。

しかしながら、現実にはその金額からは考えられないような、自分ではかなり納得のいくお店が建てられたと思っています。決してお金がないからと我慢したチープな店ではありません。和風モダンを基調にしたシックな内装のカフェを、ゼロからつくることができたのです。もちろん、お店は現在もちゃんと営業しています。

つまり「フツーじゃない店づくり、お金をかけない店づくり」でも、ちゃんと開業することができたわけです。結果的に、まさに納得できる「手づくりの格安開業」となったのでした。

それを可能にしたのは、「ヤフオク！」（以下、ヤフオク）ことヤフーのオークションと数多くの廃材の活用でした。お店の中を見回せば、目に入るものの大半は「ヤフオク」で入手したものなのです。この店は「ヤフオク」と「廃材」でつくられているといってもいいでしょう。

実際に自分でやってみると、この「フツーじゃない店づくり」のノウハウは、多くの「フツーの店づくり」や開業にも活用できることに気がつきました。特に、開業最大のハードルが開業資金だとするなら、そのハードルを大幅に低くするための有効な方法だという気もします。

そんな店づくりの資料として使えるためにも、実践記録は正直に記載したつもりです。なかには失敗例や真似しないほうがよい例などもありますが、その辺も含めてお読みいただいた方の参考になればと思います。

カフェをはじめるいきさつなどに興味のない方は、1章は飛ばして2章「すべては「ヤフオク！」からはじまった」からお読みください。

「ヤフオク！」と「廃材」で格安開業！　**自分の手で店をつくる**　目次

3章

店づくりの実際Ⅰ　店の基礎から外壁まで
リサイクル資材をどう使うか

4章

店づくりの実際Ⅱ　建物本体から内装へ

オークション依存度高まる

5章 開業までのあれこれ ビンテージオーディオの世界と営業の諸手続き

6章 ついに開店、カフェ「スペイキャスト」 お店の今、そしてこれから

カバーデザイン・イラスト　谷島正寿
本文デザイン・DTP　シナプス
企画協力　企画のたまご屋さん

＊商品説明に「新品」とあるものは、商品は新品（未使用品）ですが、新品価格でフツーに購入したものではありません。何らかの理由により「フツーではない価格」で流通していた新品を入手したものです。

＊本文中の価格、為替レートなどは建築当時のもので、現在とは多少の違いがあります。

＊「ヤフオク!」は、Yahoo! JAPANが運営するインターネットオークションサイトです。

1章

店づくりのはじまり
いき詰まってしまった田舎暮らし

「洒落たジャズカフェ」をつくりたいと思った

もう10年ほど前になるだろうか、「伊豆大島田舎暮らし情報」というメルマガを、「まぐまぐ」から隔週で発行していた時期があった。私たちと同じように離島で暮らしたいと考える人に、少しは協力でもできればと考えてはじめたのである。

読者数800ほどの小さなメルマガだったが、島の物価や交通情報など、暮らしに必要な生活情報を中心に編集していたため、田舎、とりわけ島に住みたいという方の参考にはなっていたようだ。質問のメールはしょっちゅうで、実際に訪ねてこられた方もかなりいた。

しかし、お会いしてみるとまさに人それぞれ。暮らしに対する考え方もさまざまで、自分としては協力したつもりでも、相手を満足させる結果に結びつかないことも多かった。

なかには、すぐにでも大島で暮らしたいという話を信じて、せっかく安く紹介してあげ

た土地を高値で転売されてしまった、などという例もあった。そんなこんなでいささか嫌気がさし、従来の飽きっぽさも手伝っていまはそういったことからは手を引いてしまった。

たまに上京して古い友人に会ったりすると、団塊と呼ばれる仲間たちは次々と定年を迎え新しい生活をはじめている。大手企業の幹部までいって、子会社の社長になったり、教員生活を終えて、退職後も研究者としての生活を続けたりと、みな結構まじめで、そここの退職金を手にし着実な生活設計を立てているようだ。再就職など考えずに、ゴルフだ園芸だとのんびり定年生活を楽しんでいる、なんて人もいる。

少なくとも私の周りには、あまり破滅的な人生を送っているのは見当たらない。離婚をしたり、浮気がばれたりといった話はあっても、大方のところ、皆、面白くないほど堅実そのものである。これが学生時代、あんなに激しく世の中の改革を叫んでいた級友たちだろうかと、ふと思ってしまう。

そんなわが世代に比べれば、この国、この社会に反発し続け、自分なりに好き勝手な人生を歩んでいたのは、むしろ私たちの先輩世代、60年安保の経験世代の方が多かったのではないか。過去に仕事で知り合った多くの先輩たちを見ていると、そうも思えてくる。

内地で仕事をしていた頃から親しかったそんな先輩記者や編集者が、癌で次々とあちらの世界に旅立っていく今日この頃でもある。30年以上もつき合ってきた親しい人間が、突然いなくなる。急な訃報を受けたあとで、言葉に表わしようもない空虚な時間に襲われるのは正直いって辛いものだ。

自分ではまだまだ若いと思っていても、周囲の人間関係から確実に歳をとったと感じ、一人で落ち込むのはこんな時である（島の人たちは、本州などの日本本土のことを「内地《くに》」と呼ぶことが普通である）。

本来なら、人間は年齢とともに成熟し、穏やかに老後を迎える心持になっていかねばいけないのかもしれないが、私の場合、どうもそんな気がしてこない。いい年してといわれようとも、むしろ「成熟」なんかしてたまるか、というのが本心である。

もともと、いわゆる「予定調和」が最優先されるこの国、この社会のありようが嫌いで、自分なりに反発して生きてきたつもりなのだ。できることなら最後まで青臭いことにこだわりつつ、心のままに生きたいものだと思う。

ところで、今から40数年前、わが10代の後半、まだ高校生だった頃の話だが、古本屋のオヤジにあこがれていた時があった。当時住んでいた板橋区の私鉄駅周辺には、数軒の小さな古本屋があって、文庫や社会科学系の全集、小説や古雑誌などが店内いっぱいに積まれていたものだった。

店の奥には決まって畳み半畳敷きくらいのスペースがあり、これもまた決まったように、むっつりとしたオヤジさんか、およそ愛想のないおばさんが座って本を読んでいた。店内の客は少なく、いても一人か二人。ひっそりとした店の中にはちょっとかび臭いような匂いだけが漂っている。

私はそんな古本屋の雰囲気が好きで、安い文庫本を求めて毎日のように通ったものであった。

狭い店内の通路で本を選びながら、薄暗いこんな店の片隅に座り、毎日好きな本を読んで暮らせたらいいなと、本気で思っていた。いま考えれば、ビートルズ全盛の時代に背を向けた、ずいぶんとひねた高校生だった気がする。

新宿あたりのジャズ喫茶に出入りするようになったのは、20代に入ってから。同世代の連中からはかなり遅れていた。学校封鎖で授業のない時間に、音楽雑誌を片手に名店めぐりなどをしたものである。ジャズ初心者そのものだった。

そんなことをするうちに、ひょっとして、ジャズ喫茶のオヤジも悪くない仕事じゃないかと考えるようになった。

毎日好きな音楽を聴きながら暮らせるし、なんとなく物知りそうで、無愛想。高度経済成長に浮かれる時代に背を向けて、ひたすらストイックに生きているような、そんな彼らの雰囲気が、すごくかっこよく思えたからでもあった。たしか、キースジャレットのケルンコンサートがよくかかっていた頃だったと思う。

いまになってみると、当時はあまりに世間知らずの「甘ちゃん学生」だったわけだが、その後ジャズ喫茶とは疎遠になってもジャズだけは好きになっていった。

社会に出てプロカメラマンとしてテレビ局で仕事ができるようになってからは、取材のない空いた時間に局内レコード室の試聴ブースにこもって、好きなマイルスを聴いたりしていたものである。

そして50代。この間、生活のための仕事に追われ、若い頃の想いなどどこかに霞んでしまっていたのだが、50歳を過ぎ人生最後の仕事を決めなければならなくなって、本気でジャズ喫茶を建てようかと考えるようになっていた。

まあ、「ジャズ喫茶」というイメージが昭和的で古いというなら、今風にジャズカフェといってもいい。メニューにお酒や軽食も加えれば、当然飲食店営業ということになり「カフェ」という扱いになる。

気に入ったオーディオセットをいれ、毎日、静かなジャズのBGMが流れている。苦くてコクのあるコーヒーが飲め自家製の美味いケーキがあって……そんなジャズカフェをつくれないものだろうか。強度の腰痛に悩まされ、満足に養鶏の仕事もできなくなっていた10年前、54歳の頃であった。

いき詰まってしまった田舎暮らし

強度の腰痛で養鶏を断念

これまで、なんとか順調に進んできた大島での田舎暮らし、仕事としてはじめた平飼い養鶏も、体調不良で完全にいき詰まっていた。

防風林の松、杉の伐採や運搬、鶏舎の建設、自宅や親戚の家の建設、畑中心の農作業、ひよこの世話、週3回の卵の配達など、この間10年以上の肉体的オーバーワークのつけが、完全に腰にきてしまったようだった。

もちろん、誰からも強制されてはじめた仕事ではない。すべて自分なりに考えて、こなさなければいけない労働をやっていただけなのだ。だが、いわゆる素人の悲しさか、農作業、伐採作業、建築作業など、どの作業においても、その道のプロたちから「あんな無理なことしてりゃ、腰悪くするの当たり前だ」といわれるような、力任せで工夫のない作業をしていたということだと思う。

幸い平飼い養鶏の経営自体は順調で、それなりの収入もあったのだが、1年間に6回もギックリ腰になり、毎回1ヶ月近く寝込んでいたのでは、とてもまともな生活とはいえなかった。


評判を聞いたり調べたりして内地に向かい、あちこちの整形外科や整体治療院、鍼灸師などを訪ねて治療を試みても、状態は一向に改善しない。レントゲンやCTなどには出ない、いわゆる「原因不明の腰痛」というやつである。

画像を診断した医師は「なんともない」というのだが、当人は痛くて痛くて満足に歩けない。もはや、自家配合の餌づくりや、緑餌確保の農作業、卵集め、お得意先への配達などが一人ではできなくなっていた。

心配した子供たちがほとんどの作業を手伝ってはくれるのだが、彼らも高校卒業と同時に進学・就職で島を離れてしまう。いつまでも子供たちの協力を当てにするわけにはいかなかった。勤めを持っているかみさんの協力には、限界もある。平飼い養鶏を止めざるを得ないときが近づいていたのだ。

腰に負担のかからない仕事、しかも人生最後になるかもしれない新しい仕事を探さねばならなかった。

どうせなら自分のやりたいことをして人生を終わりたい。本来なら島を離れ、アジアかアフリカでNGO活動にでも従事したかったのだが、いままで築いてきた家族との生活スタイルを独断で勝手に変えるわけにもいかず、とりあえずは島の中でできる仕事を考えなければならなかった。

幸いその頃、友人が経営するカフェの内装工事を任せてもらえる仕事があったので、飲食店づくりの手順なども少しはわかるようになっていた。

「ジャズカフェのオヤジ」にこだわったのは、若い頃の想いが吹き上げてきたためということもあるのだが、片やその他もろもろの消極的理由も大きかったのである。

カフェなら自分で営業できると思ったのは、学生時代、銀座四丁目にある洋食レストランで2年ほどのアルバイト経験があったからである。

バイトといっても、将来その道に進もうなんて気はさらさらなく、飲食関係なら賄いメシも食えるし冷房も効いているから楽でいいや、程度の軽い気持ちではじめたのである。

勤めはじめたその店は、銀座松屋の側に本店、四丁目交差点脇のビルに支店のある本格的レストランだった。もちろんアルバイトは皿洗いが正規の仕事なのだが、私が配属されたのはうるさい料理長がいない支店のほう。コックの人数が少なかったこともあって、仕事に慣れてくると料理に関する雑用をやらされることが多くなった。

サラダづくりや料理の盛りつけにはじまり、簡単な下ごしらえから、しまいにはなんとかキャベツの千切りもできるようになり、グリルやフライヤーの担当を除けばあらかた店の仕事は覚えてしまったのだ。お客様の食後に供するコーヒーや紅茶も、当然のごとく私がつくっていた。

当時の店は常に人手不足だった。接客担当のバイトが休んだりすると代わりにホールの仕事もやらされるようになり、お客様相手のオーダー受けから給仕、伝票書き、最後の頃には1日分のレジの売り上げ精算まで任されていた。

つまり小さなレストランの一通りの仕事は経験していたので、たとえばランチタイムに注文が殺到すると、狭い厨房の中がどんな状態になるのかなんてこともよく知っていたのである。その点では、大島でカフェを開くことについては何の心配もしていなかった。

さて、自宅のあるのは伊豆大島の南部、差木地《さしきじ》という集落のはずれである。町並みからは約1キロ離れた場所だ。

幸いなことに土地だけはあった。家族5人で田舎暮らしをはじめるため島に移住して、数年後に求めた土地だ。600羽分以上の鶏小屋があった場所であるから、敷地はかなりゆったりしている。

その土地の一部、道路に面した場所なら、20坪程度の店は建てられそうだ。水道や電気などのインフラも来ている。地目も農地ではないので、建築それ自体にはなんら難しいことはなさそうであった。

問題はそれから先の経営と資金のめどがまったく立たないということだった。なんせ「離島」、しかも店の周辺人口3000人という超「過疎地」である。大島全体でも人口は9000人程度しかいないのだ。

島中心部の元町にある数少ない飲み屋や食堂ですら、食っていくのは大変といわれている。わが家は島のはずれに近く、さらに集落から離れていて周辺に店などというものは一軒もない場所にある。

周りは夜になると真っ暗で車もめったに通らない。どう考えてもカフェ、ましてジャズカフェなど、経営的にやっていけそうな所ではない。つまり、こと経営という視点で見たら、最初からお話にならない立地なのである。

そんな所で借金などして建物を建てたら返済はおろか、その分丸々負債になってしまう可能性があるのだ。もともと、私の人件費抜きで多少でも黒字が出ればもうけもの、といった程度の経営見通ししか立てられないのである。金融機関にローンを組んで資金をつくるなんてことは、とても考えられなかった。

もちろんお客様に来ていただくつもりだから、100％道楽にするつもりはないが、毎日の生活収入を得るために建てるというよりも「自分のやりたいことをやる」という気持ちを優先させているプランであることは明白であった。まあ、現実生活無視というか、かなり「リッチ」で自己中な考え方ではある。

しかし、である。そんな考え方をしている割には、実際に建設資金として自由に使える金は100万円ちょっとしかないのであった。寂しい話だが、これが貧乏養鶏家の現実でもある。

いくら田舎でも、これで20坪の店を建てカフェを開業しようなどというのは、まともなことを考えていては無理である。ましてや、大島のような離島の建設費は内地のそれよりはるかに割高なのだ。地元の大工や工務店に工事の相談をすれば、建築費坪50万円として合計1000万円程の見積もりがすぐに出てくるであろう。

わが家は子どもが内地の大学にいて、学費や生活費など年間250万円以上の仕送りが必要。生活はいっぱい、いっぱいなのだ。いくらかみさんが勤めていて基本的な生活費は確保されているとはいっても、たいした収益の見込めないオヤジの道楽ともいえる仕事に、乏しい家の蓄えを使うわけにもいかず、資金的にはまさにどうしようもない状況であった。

さてどうするか。正直、店づくりは金の工面をあれこれ考えることからはじまった。

フツー、カフェをはじめようなどという場合は、まず予想される来店客数や売上、つまり経営見通しなどを考えるだろう。お客様がいなければ店の経営など成り立つわけがないからだ。そのためには店の「立地」が大切である。

その点では、この島で考えられる最適な開業場所は行政の中心地、元町になる。役場や金融機関などが集中し勤め人もいる。当然ランチ需要も見込まれるし、その他、打ち合わせでカフェを利用するであろう人たちが一番集まると思われる場所だからだ。

しかし、残念ながら元町には適当な空き店舗など少なく、あったとしても家賃が高いのである。空き地が少ないから駐車場の確保も難しい。地価も島内では一番高いエリアである。借りるにしても建てるにしても、ここで開業するにはかなりまとまった資金が必要となるはずだ。

中心部に三原山という活火山を抱えたこの島は、利用できる平坦な土地が限られている。その大部分は林や森で住宅は分散し、商売に適した市街地を形成しているエリアは特に少ない。内地と違い人口の流動は少なく、当然、土地の売り物も出にくいのだ。結果として数少ない市街地エリアの地価、家賃などは高値安定してしまうわけである。

さらに、定住人口が限られた離島では、どんなに店の評判がよくても1日の来店客数はおのずと限られてしまう。たとえ街中の空き店舗を借りられたとしても、その高い家賃を負担できるだけの売り上げ見通しは立てにくい。

反面、島には満足な公共交通機関がないため、住民の大部分は自家用車で移動する。一周50キロメートル弱しかない小さな島では、移動もたいした距離にはならない。たとえ店の場所が中心部から多少離れていても、お店の内容がよければお客様には車で来ていただける可能性がある。現に、島の外れにありながら繁盛している飲食店などが何軒かはあるのだ。

あれやこれやと、自分なりの経営作戦を考えた結果、ポイントは「立地」よりも「ランニングコストの削減」ということになった。最高額が限定されるであろう売上を伸ばす工夫より、コストを下げる工夫をしたほうが結果的に儲けが出やすいだろうと考えたのである。

とにかく「家賃のかからない店を確保する」こと。そうすれば家賃という毎月の大きな支出がなくなり、多少売上が少なくても赤字にならずにやっていけそうである。そのためにも、自分の店をつくる必要があるのだった。

2章

すべては「ヤフオク!」からはじまった 100万円しかない開業資金

安い店づくりを考える

使えそうな情報を求めて

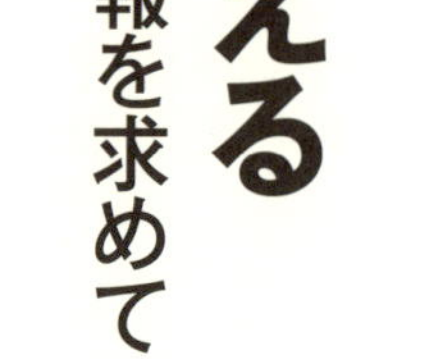

たいていの人は、建築・開業資金が足りなければ足りないお金をつくることを考えるだろう。なんらかの借金をするなり、貯金をするなりである。独自の債券を発行して、友人から出資を募る、なんて方法もある。

だが、私はこのもろもろの「金の工面」が大の苦手なのである。かみさんも最初からそっち方面の才能がないことを見抜いていたらしく、結婚以来、カネのことでは一度も文句をいわれたことはない。およそまとまったお金には縁のない生活を続けてきたのである。

同じ自営業の友人には、実に見事に営業資金を工面してくる奴がいるのだが、私にはそれがまったくできないのだ。だいたい銀行、金融機関が嫌いである。まあ、零細自営業者で銀行が大好きなんて奴は、まずいないとは思うが。

当然、地元の金融機関に口座はあっても、最低額の取引しかない。養鶏をはじめた時は、さすがに農協から低利の融資を受けたが、その後の日常的経営資金は、すべて自己資金でまかなってきた。その他もろもろ、いままで、およそカネづくりに関してはいいアイデアが浮かんだためしがないのだ。

おまけに、必要としているのはおよそ経営見通しの立たない店づくりのためのカネである。誰かに頼んでなんとか相談に乗ってもらうというわけにもいかない。せいぜい「儲かるはずがないから止めろ」といわれるのが関の山である。

ということで、最初から建設費の工面は考えない、あきらめることにした。とにかく、できそうにもないことをごちゃごちゃ考えても仕方がないのである。

さて、そうなると残る方法は「いかに安く店をつくるか」を考えるしかなくなってくる。手持ちの金１００万円にプラスアルファ程度の出費で店一軒建てられれば、しめたもの。もう少しがんばって、電気、水道、ガス、浄化槽など付帯工事含めて総額２００万円少々で建てられれば、まあなんとか、都合のつかない金額ではない。問題はどうしたらその程度の金額で20坪程度の店一軒を建て、カフェの開業まで持っていくことができるかである。

ところで、経験的な話だが、住宅などの建築費総額の中で一番大きな割合を占めるのは、材料費ではなく人件費である。ハウスメーカーなどの場合は、広い意味での営業経費（人件費）も相当な割合になるだろう。これは自分で家を建ててみるとよくわかる。

土地代を除いた総工費2000万円程度の木造建築の場合、諸設備を除いた直接的な材料費は500万円程度。残りは直接、間接の人件費やもろもろの経費、つまりさまざまな形での儲け、利益と考えておけばそう外れてはいないはずである。

荒っぽくいわせてもらえば、家とは人件費の塊みたいなものなのである。だから安くつくるには自分で建てるのが一番早くて近道なのだ。

自分の人件費を度外視してよいということなら、安い材料を仕入れて自分で建てれば、家、つまり建物は驚くほど安くつくれる。高額な住宅ローン返済などのために、乏しい生涯収入を費やす必要などまったくないのである。自分の経験からいっても、これは間違いないことだと思う。

幸い昔からこっちの方面、安い物を仕入れることや、大工仕事は得意である。大島で田舎暮らしをはじめて早20年、この間、自宅を含め何軒かの家も建ててきた。素人大工とはいえ多少の実績はある。当然こちらを中心に考えを進めることにした。

ここ大島に移住したのは、39歳の時である。それから4年後、以前から計画していた平飼い養鶏をはじめるとともに、家族の住む家をつくりはじめた。それまでは借家だったのである。

最初は事務所兼作業場を建てた。6坪、6畳二部屋の勉強部屋を兼ねた小さな小屋である。続いて自宅母屋の35坪を建てた。27畳のリビングを中心にした大屋根造り◆1の家だ。二階の一部はロフトになっている。それが終わって数年後、今度は親戚から頼まれて21坪の別荘を。そしてそのゲストルームとして離れの6坪も建てた。

すると、なんと、その建築工事を見ていたご近所の見ず知らずの方から住宅建設を頼まれ、そこにも母屋18坪の平屋住宅を建てることになってしまった。

つまり、鶏小屋の掘っ立て60坪を建てたことを除いても、大小5軒の家をつくったことになる。最後には島の友人が経営する喫茶店の内部改装工事までやらせてもらった。あくまで素人大工だが、それでも普通の人に比べれば多少の経験はあると思う。

◆1 大屋根造り：中2階、2階、3階などの屋根裏部屋があり、家全体を包み込むような大きな屋根で覆われているような形の家もちろん最初から一人で全部できたわけではない。はじめて建てた1軒目は、プロの大工さんに材料の刻み[2]から骨組みのくみ上げまでをやってもらった。いまならプレカットという木工旋盤を使った技術で、基本図面さえあればすべてできてしまう工程であるが、その当時は刻みができないと在来工法[3]で家を建てることはできなかったのだ。

当時の私は電動丸鋸の使い方も満足に知らなかったのだから、骨材の刻みなどできるわけもなく、プロの協力がなければ建てられなかったのだ。ど素人もいいところであった。

そして、その後自分である程度できるようになってからも、仲良くなった下職さん[4]に手伝ってもらっている。電気や浄化槽など、各種付帯工事も専門業者に依頼しているから、完全なセルフビルドではなく、自分棟梁[5]という方式である。

建築確認申請用の設計図作成や、建築確認の取得などは、親しくしてくれている地元の一級建築士の方にお願いしている。そして材料は、ほとんど新品を使用。これでも、普通に工務店などに依頼するよりは、はるかに安い金額で家は建つのだ。しかも合板やビニールクロスなど使わない、無垢の木をたっぷり使った贅沢で上質な家が建つ。

実際、2軒目に建てたわが自宅など、ヒノキ土台、国産松の太梁を全部に使った40坪弱の家が、付帯工事などすべてを入れても総額１０００万円そこそこでできあがってしまった。刻みと基本の棟上げ、屋根仕上げまでをプロに任せ、その後の内外装工事を引き継いでこの金額である。

素人工事だから内装の細かな仕上がりは、工務店のつくった家にはとても及ばない。だが、地元の建築業者が「このつくりだと１００年は持つな。お前の葬式は間違いなくこの家から出るから大丈夫だ」といって帰ったような家だ。決していい加減でバラックのようなつくりではない。

実際に自分で建ててみると、たかが自家用の持ち家一軒手に入れるために何千万円ものローンを組み、20年、30年とその返済や金利などに貴重な収入を奪われるということが、実にアホくさいことに思えてくる。

◆2 刻み：柱、梁などの太い木材同士を接合させる部分を細工すること
◆3 在来工法：柱、梁、筋交いなど、木の軸を組み立てて建物を支える日本の伝統的な建築方法
◆4 下職：親方など、その仕事の責任者の下でその人の仕事の一部を引き受けてする人のこと
◆5 自分棟梁：施主自ら大工の親方の仕事をして家を建てる方法

ちなみに、家の材料というのは、釘や木ネジひとつとってもプロ価格なら実に安い。私がお世話になっている問屋さんの例だと、家づくりの中心となる柱、檜の三寸五分（10・5センチ）角が1本2000円前後、小さな家一軒で40本使ったって8万円だ。台所の天井などに使われることの多いジプトーンは坪1000円前後、4坪8畳分の台所の天井を張っても材料費は4000円ほどで済んでしまう。

国産杉の合いじゃくり板[6]だって12ミリ厚が坪3500円前後。30坪分使っても約10万円。構造[7]用の針葉樹合板は1枚800円程度。30坪の床全部を下張り[8]しても60枚、4万8000円である。四面無節のケヤキとか黒檀とか、特殊で趣味的な材料でも使わない限り、一般的な家の材料は驚くほど安いのである。

しかし、である。それにしても100万円で20坪の店一軒建てる、というのはきつい。車庫や作業場ならともかく「洒落たジャズカフェ」を開業したいのだから。

とにかく、資料情報集めからはじめることにした。もともと取材や資料集めはかつての本業である。手持ちの建築関係の本をあらためて読み直しながら、インターネットで安い家の建て方を探してさまざまな「検索」を試してみた。

以前、自宅を建てる時にルピアの為替相場が安くなっていることに目をつけて、インドネシアから家一軒分の材料を個人輸入することを考えたことがあった。

スラウェシ島のウォロワンという大工さんの村まで下見に行ったのである。「ミナハサ・スタイル」といわれる高床式の家を専門につくっている職人たちの住む村である。

現地に着くと、その村に通じる一本道の両側にはその時の注文に応じて建設中の家がノーネイル◆9で仮組みされていて、自由に見ることができた。どの家も南洋材の無垢の木をふんだんに使った感じのいいつくりであった。

この時は、日本との気候や建築法規の違いを考えると手直しする個所が結構出ることや、輸出用のコンテナが極端に不足していたためその調達費用が予想外にかかり、意外とコスト高になることがわかって（といっても、日本の建築費の常識からいえば驚くほど安い）、結局あきらめざるを得なかったのだが、そういった安い家探しには多少の経験もある。

◆6 合いじゃくり板：2枚の板の側面をそれぞれ半分削り、かみ合わせて繋ぐ接合用に、片側が削られた板
◆7 構造用合板：合板のうち、構造耐力上主要な部分に用いる目的でつくられたものをいう。主として、木造の建物で壁下地材、床下地材、屋根下地材として使われる
◆8 下張り：ふすま、屛風などの仕上げ材の下地を張ること。転じて仕上げ材の下地を張ること
◆9 ノーネイル：太い釘を使わないで建物を仮組みしていること

建築工法も、在来やツーバイ[◆10]、ログハウス[◆11]やドームハウス[◆12]など、まともで一般的なものだけでなく、下水用の大口径ヒューム管[◆13]の転用や廃棄された船の再利用、海上輸送用の中古コンテナ、大型アルミバントラックの廃車を活用して家にする方法、使われなくなった飼料用サイロの転用、廃棄ダンボールや空き瓶の利用など、およそ普通建築のイメージにとらわれないものも多数考えて積算してみた。

しかし、どれをとってもみなそこそこの費用はかかるのである。100万円ではできそうにない。この間数ヶ月、さまざまな方法を模索、積算を繰り返してはあきらめ、やっぱり無理かと半分断念する気持ちになっていたことも事実であった。

◆10 ツーバイ：ツーバイフォー工法の略。米国で生まれた工法で、日本での呼び方は、「枠組壁工法」という

◆11 ログハウス：一般的に丸太を使った建物をいう。和製英語。ログは丸太の意味

◆12 ドームハウス：躯体構造に柱や梁を使わない正多面体の建物。少ない材料で建てられ強度も強いとされる

◆13 ヒューム管：鉄筋コンクリートでつくられた導水管

コンセプトは「ゴミでつくった店」
テレビドラマ「北の国から」にヒントを得る

ただ、この段階でいくつかの発見をすることができた。

まず、ヤフーのオークションサイトには建築関係の資材が数多く出品されていて、みなそこそこ安いことである。特に中古品や端物の処分品には極端に安いものがある。

たしかに普通の市民生活では、建築用資材の半端物や中古品などめったに必要としないだろう。反面、国内の建設関係業者は過当競争といわれるくらい多いのだから、工事の残り物などはいくらでも出てくるはずである。そういった需給関係の崩れがヤフオクの価格形成にも反映しているのだと思う。

しかし、これは非常にありがたく、とても役に立つ貴重な発見であった。なぜなら自分で家を建てる時には、さまざまな工程をこなすために多くの道具や材料を少しずつ必要とするからである。

もうひとつわかったのが、大島のような離島の建築費で無視できないのが海上貨物運賃だということである。たとえば都内の周辺などには、中古の海上コンテナを組み合わせた飲食店などがいくつか見られるが、中古コンテナ自体は安くても、国内航路の海上貨物運賃は、陸送トラックのそれとは比べようもなく高いのである。

つまり「かさのある」資材はそれ自体が安くてもトータルコストが高くなり、使えないということになる。大型のヒューム管や中古の11トンアルミバンの転用なども、同じ理由でコストは安くならない。

小型の内航貨物船に積むときに、できるだけばらばらに小さくなり運賃コストのかからない材料を探さなければならないのだ。なかなかハードルは高いのである。

そして、今回の情報収集で一番の収穫は『黒板五郎の流儀—「北の国から」エコロジカルライフ』（エフジー武蔵、発行）という一冊の本であった。

これは以前放送されたフジテレビのドラマ「北の国から」の主人公、黒板五郎の生き方をまとめた本である。その中には五郎のつくりだすさまざまな家の記録が詳細に記録されていて、それが実に多くのヒントを与えてくれたのだ。

特に「**ふつうの家をつくるのには、お金が必要。だったら、ふつうじゃない家をつくればいい**」という五郎さんからのメッセージは、それからの店づくりのトータルコンセプトになった。

実は、フジテレビは私の仕事場でもあったのだ。現在のお台場ではなく、まだ市ヶ谷河田町に本社屋があった頃、わが20代の8年近くを報道局社会教養部の取材カメラマンとして過ごした。

担当していたのは主婦向けの午後のワイドショー。局の看板番組のひとつであった。週5日の生放送（録画ではない）だったこともあって毎日が忙しかった。

今のようなデジタル時代ではなく、まだアナログ全盛の頃である。重い機材を持って月に何回もの地方出張をこなし、朝メシ、昼メシ、晩メシ、さらに深夜食と、1日4食すべてを会社で食べる。家には寝に帰るだけ。時には連続徹夜といったハードな日々も多かった。

倉本聰さん脚本のこのドラマは製作当時から好評で社内でも話題になっていたが、その頃、青森県六ヶ所村の開発問題をライフワークとして追い続けていた私は、ドキュメンタリーではない、こういったドラマにはあまり興味がなかった。この本を読んでみて、いまさらながらこのドラマが丁寧につくられていることに驚いている。

そのドラマの主人公、黒板五郎氏の家づくりの中に「拾ってきた家」というのがあった。その名のとおり拾ってきたゴミでつくった家の記録である。

当然ながらゴミは拾ってくればタダである。大島でも町のゴミ捨て場にはかなりのゴミが出る。この方法なら大幅なコストダウンが図れそうである。今や「ゴミは資源」という時代なのだから、まさに時代ともマッチすることになるわけだ。

そこで、建築方法のコンセプトは「ゴミでつくった店」と決めることにした。「ゴミ」という言葉がふさわしくなければ「リサイクル資材」とでもいい換えればいい。要は捨てられる運命にある材料を、資材として活用してつくった店、ということだ。

あらためて「ゴミでつくった店」が建築コンセプトなどというと、フツーの人は「そんな（汚らしい）店で営業できるのか」「素人施工で建物の安全性は大丈夫なのか」などということを心配するかもしれない。

たしかに、いままでは家や店、つまり建物づくりは大工・建築業者というプロにすべて任せてしまうことが当然となっている。使われている材料も例外を除けばまず新品であるはずだ。フツーの人が、実際の建築現場を見ることなどそう多いわけではないし、建築材料・素材などに対する知識もそう豊富とは思えない。

そういった現状の結果として、ちょっと変わっている「フツーじゃない店」に対する疑問や心配が出てくるのもわかる気がする。だが、私の実践体験からいわせてもらうと、その心配は杞憂である。

もちろん、「ゴミ」という材料の出所、またはその言葉に対する嫌悪感、美意識のようなものはどうすることもできないだろう。

いくら地球規模で資源の枯渇が危惧され、リユース、リサイクルの大切さが叫ばれたとしても、個人的にはリサイクルされたものなど使いたくもない、まして自分の住む家は新品の素材でなければ嫌だ、という暮らしのスタイルに関する部分は、その人の好き嫌いの問題である。技術で解決できる部分ではない。

しかし、安全性や住みやすさ、使いやすさに関する部分になると、「ゴミ」の店、つまりリサイクルされた材料でつくられた建物だからといって、危険で住み難い、使い難いということにはならない。必要とされる技術で十分に対応可能な部分だからだ。

当然ながら、腐った柱や割れたガラスで店をつくろうとするわけではない。基礎でも土台でも柱でも、求められるサイズのまともな材料を必要な量だけ使えば、たとえリサイクル材だからといって安全性そのものには何の影響もないのである。むしろ乾燥が進み狂いが生じなくなった中古材のほうが、乾燥不十分で水分ジャブジャブ状態の新材よりも、安定した狂いの少ないよい建物が建てられるという大工さんだっているのだ。

サッシや建具だって、錆や狂いなど基本性能に支障がないものならば、中古だから危険だということにはならない。今までに建てた自分の家でも使ってみて、なんら問題がないことは確認している。

築100年、150年といった古民家の解体現場から出た太い梁などが再利用され、それらを使って建てられた家が高級住宅として販売されているのである。リサイクル材はプロの建築業者も使っているのだ。安全性は確認されているといっていい。

また、「素人施工」についても同じようなことがいえるだろう。素人がつくった建物だから必ずしも危険であるということにはならないのだ。

もちろん、平均的な素人大工の技術はプロのそれに比べれば明らかにレベルが低いのは当然ともいえるだろう。だからこそ、なにも「入母屋造り◆14の二階建て高級和風住宅」を建てようなどと考える必要はないのである。

技術的に限界のある素人なら、自分の力量と必要に応じた安全で簡単なつくりの建物を建てればいいのだ。自分にできそうもない、危ないと思われることはやらなければいいのである。そこがプロの大工と決定的に違うところであろう。

もちろん、それなりの基本的な建築技術があることは前提条件である。満足に釘1本打てないというのでは、話ははじまらない。けれども、すべてプロ並みにできなければいけない、というわけでもないのだ。

もし自分の技術に未熟な部分があって、できないことがあるとしたら、そこは躊躇することなくプロの力を借りる方法を考えればいいだけなのである。そういった方法を取れば、必ずしも素人施工＝素人細工ということにはならないし、また、ならないようにすればいいだけなのだ。

むしろ、「素人がつくった家は危険」「プロがつくった家は安全」とするフツーの考えの中にこそ、別の危険が潜んでいるかもしれないことを認識すべきだと思う。

◆14　入母屋造り：東アジアの伝統的屋根形式のひとつ。上部は切妻、下部は寄棟でつくられ、日本では最も格式の高い住宅の屋根形式とされるいまや、当たり前のように「安くてよい家」を求められる時代であるといわれる。だが、この「安くてよい家」という考え方の中にこそ危険が潜んでいるのである。

プロの世界では、施主から求められるこの「安くて（よい家）」という条件を実現させるために、いかに人件費を切り詰め施工単価を下げるかに腐心しているという。そうしなければ満足な利益が出ないからだけでなく、受注競争自体に負けてしまい仕事が取れなくなるからである。

当然、たっぷりと手間をかけた丁寧な家づくりはできなくなる。必要十分ならそれでよし、もう少し手間をかければさらに安全でよい家になるのはわかっていても、人件費的にそれはできない、とする現場が多いというのだ。

家づくりでは、「安く」ということが必ずしも施主の利益に結びつかない面もあるということである。

そんな現場が多ければ、なかには必要十分以下のつくりしかできなかった「まあ、いいか」程度の家が混ざってくる可能性があることも否定はできない。

ひどいのになると「羽子板固定ボルトのナットがきちんと取り付けられていなかった」「入るべきところに筋交いが入っていなかった」などといった話も聞こえてくる。

決して悪意でやっているわけではなくても、限られた人手でこなしていかねばならない現場ゆえに生じる危険な施工ミスである。もちろん、ごく一部の現場のことであるとは思いたい。しかし、こういった話がある以上、必ずしも「プロがつくった家だからすべて安全」とはいい切れないのだ。儲けを前提とするプロの家つくりが持つ必然的、かつ危険な部分である。

もはや「究極のよい家づくりはＤＩＹの世界にしか存在しない」といい切るプロの大工さんもいるくらいである。それくらい、手間隙をかけた家づくり、建物づくりができにくくなっているという現実があるのだろう。人件費を無視して自分で納得できるまで手をかけられるセルフビルドは、安全でよい家、建物づくりの理想的な方法だともいうことができるのである。

島にあるゴミと島にはないゴミ

ところがである、小さな島の悲しさか、ここ伊豆大島にはそんなにゴミがない。いや、正確には使えるゴミが少ない、ということだ。人口9000人弱、内地と違い、離島には多量のゴミを出す産業や工場、大手スーパーなどがない。

人口が少ないから出されるゴミも種類や量が少ない。黒板さんの本にあるように、ジャックダニエル（ウイスキー）の空き瓶が何十本も捨てられている、なんてことにはならないのだ。

まさか島から、新宿、ゴールデン街のゴミ箱にウイスキーの空き瓶を拾いに通う、なんてことはできっこない。この時くらい、内地のゴミの豊富さをうらやましく感じたことはなかった。量が少ないから、どこに何があるかの情報も手に入りにくい。

反面、大工、土木関係の職人など、ふだんから工作を仕事とする自営業者の住んでいる割合は都会より多い。島には企業が少ないせいもあって、いわゆるホワイトカラーは多くはいない。

当然、ゴミ捨て場のゴミを再利用しようと考える私のような人も何人か出てくるわけで、「競争相手」は結構いる。きれいなコンパネ◆15や垂木《たるき》◆16、角材などは、町の粗大ゴミ捨て場に置かれると、すぐに拾われて消えてしまう。なんと定期的にゴミ捨て場を巡回している人も何人かいるのだ。

まあ、リサイクルという観点からは実によいことなのだが、ゴミを使おうとする側にとってみればやりにくくて仕方がない。

ここ大島で、廃棄物のリサイクルが厳しく実施されるようになったのは、リサイクル法が制定されてからである。現在はかなり細かく分別回収されるようになった。それ以前は、リサイクルした物の最終処分が島内でできないこともあって、かなり大雑把な回収方法だ

◆15 コンパネ：コンクリートを流し込む型枠としてつくられた耐水性合板。コンクリートパネルの略

◆16 垂木：建物の小屋を組むための構造材、そのために使われる木材。屋根の下地を支えるためなどに使われる

った。

さらに今から20年以上前になると、南北2ヶ所の沢を粗大ゴミ捨て場と指定して、大型の不燃ゴミ関係は何でもかんでもその沢に捨てて埋め立てる、という原始的方法でゴミ処理をしていた。

その粗大ゴミ捨て場にいけば、箪笥やらテーブルやら解体木材やら、使えるものは何でも拾い放題だった。わが家の鶏小屋に使われている木材などもそこから拾ってきたものである。

現在、島には自動車や金属類などをリサイクルする専門の業者はいるが、それ以外の新聞紙、古雑誌、ダンボール、ビン類などを回収する業者はいない。ペットボトル、発泡スチロール、廃木材、コンクリートガラなどは、それぞれ回収されたものを町の指定業者が処理している。

結局、知り合いのゴミ処理業者や建築業者さんなどの話を総合して、島で調達できるのは、電気ケーブルのドラム（分解してテーブル用）、発泡スチロールのトロ箱（断熱、防音材）や廃ブロック（床下のネダ置き）、鶏卵のトレー（天井内装用）、垂木、コンパネの一部、などに限定されることがわかってきた。

それ以外のゴミは、島の外から調達しないと駄目そうなのである。廃材ひとつとっても、内地の解体現場のように大きなものが大量に出るということはないのだった。島特有の溶岩や、海岸の石、椿の伐採木などはいつでも手に入るが（厳密には、島は大部分が国立公園の指定地域だから、海岸の石など勝手に持ち去ることはできない）、これらは建築資材としては工法が限定され、かつ使いにくいものばかりである。仕方がないので手に入らないゴミは、内地から「購入」することにした。

頼りにするのは、以前からつき合いのある都内の解体業者と、「ヤフオク」こと、ヤフーのオークションである。

たとえば内地の場合、飲食店の改装や廃業などで、業務用のテーブルやイスセットなどの使えるものが廃棄物として出される時に、解体業者が（かさを減らすため）壊して運んでしまうことも多い。そんな場面に出会えれば、店一軒分のイスやテーブル、什器などもタダ同然で分けてもらえることがある。

以前、偶然にも錦糸町駅そばの喫茶店改装現場に遭遇し、店内の高級テーブルが惜しげもなく壊されるのを見ていたら、その解体業者から「全部持っていってくれるならタダでいいよ」といわれたこともあった。その時は、とりあえず必要なかったので見送ったのだが、そんなこともあるのだ。

最近はオークションが発達し、さらに不況のせいもあるのだろう、そのような品物が古物業者からヤクオフに出品されて、結構取引されているようである。

ヤフオクとの格闘はじまる

建物のコンセプトはできた。とはいってもまだ建築面積も工法も決まったわけではない。材料が「ゴミ」である以上、何が出てくるかわからない。いくらしゃれたドームハウスが建てたいと思っても、きれいなコンパネがゴミで出てこない限り、それは不可能な話である。実際に探しはじめてわかったのだが、ヤフオクには、中古の大きなコンパネなどめったに出品されないのだ。

かくて、ヤフオクと格闘する日々がはじまった。

島のネット環境はここ数年こそＦＴＴＨ（光ファイバー）が使えるようになり回線速度は大きく向上したが、この頃はまだ悪く、ＩＳＤＮ回線とルーターとの組み合わせであった。接続速度の遅さにイライラしながら、毎日８時間以上は探しただろうか。

検索のキーワードは「廃材」「解体」「廃物」「電柱」「枕木」「梁」[17]「垂木」「流木」「ブロック」など、建築関係ゴミの周辺と思われる言葉である。

キーワードで探した類似商品から近いカテゴリーを見つけると、今度はそのページを頭から順に閲覧していく。これは時間がかかるがキーワードに引っかからないお買い得な出品物を見つけ出す基本技で、時にはとんでもない掘り出し物に出会うことがある。今回も本命の廃材探しの合間に、建築工事に必要とされるであろう資材や工具などかなりの品を落札することができた。

しかし、肝心の「廃材」の出品はなかった。毎日毎日、見つからない「廃材」を求めて、ヤフオクの検索を繰り返す日々が続いた。

ヤフオクでいい商品と出会うコツは、とにかく「こまめに」検索を繰り返すこと、そして、その関連カテゴリーを頭から見ていくことである。目指す商品がヒットしないからといって、検索だけであきらめてはいけない。

その検索も、オークション全体ではなく、細かくカテゴリー別に繰り返すほうがヒット率が高くなると感じる。関連カテゴリーを頭から見ていくことは時間がかかるし大変だが、「手間を惜しんでは安くてよい品は入手できない」といい切れる。

最近のオークションには「アラート」という機能も追加されている。あらかじめ欲しい品物、出品者などのキーワードを事前に登録しておくシステムで、登録したキーワードと同じ物がヒットするとメールで連絡が来る。

たしかに便利なシステムだが、100％ヒットとするという保証はないし、関連の物は対象外だから、やはりこまめな検索・閲覧が大切になる。

◆17 梁：柱と柱の上に渡す横木のこと。柱が傾くのを防ぎ、屋根などを支える構造材となる

「廃材」との出会い

梁を入手する

ヤフオクの検索をはじめて数ヶ月たっただろうか。いつもの習慣で「廃材」とキーワードを入れたところ、なんと1件、それらしい物がヒットしたのである。

検索されて現われたのは築160年という古い民家を解体した18本近い太い梁であった。出品地域は東北のある県。入札者は1名で、現在価格はなんと全部で3万7500円である。

写真には黒くて太く、曲がりくねった丸太の梁が何本も写っている。うーん、どうしよう……正直いって迷った。その県からうちの島まで運賃が10万円はかかるだろう。それに曲がった丸太である。

今まで、市販の角材を使って建物を建てたことはある。しかし曲がった材料は未経験。在来工法で建てるとしても、芯（部材の中心）の出し方も、どう刻んで（組み合わせの仕口をつくること）いいかも自信がない。

入札締め切りまでの数日間、入札価格がこれ以上競りあがらないことをしっかり祈りながらも、本当に悩んだ。そして入札締め切り直前、かみさんに「この廃材どう思う？　かなり安いことは確かだけど、運賃かかるし……」といったのが、結果的に決まりとなった。「あら安いじゃないの、入札してみたら」との気楽な返事に、そんじゃ試しにと5万5000円まで入札したところ、すぐ4万5500円で最高額になり、そして、そのまま競ることもなくオークション終了。

かくて、18本の太くて長い梁が4万5500円という信じられない価格で、あっけなく手に入ってしまったのだ。

これは後でメールをやり取りしてわかったことだが、出品者は東北地方の解体業者さんで、雪が降ると移動も困難になるし廃棄するにも費用がかかる、早く処分できればと出品したのだそうだ。東京までの運搬トラックも運賃の極端に安い臨時便を紹介してくれて、こちらは大助かりだった。

ただ、案の定というか内航貨物の船賃だけは高く、出航地で船積み見積もりを見て海運業者と価格交渉したのだが、大しては安くはならなかった。結局、商品本体の価格より輸送経費のほうが高くなってしまったのである。

建築工法が決まる

廃材（梁）がわが家にやってきた。知り合いの業者さんに頼んで港から運んでもらったが、クレーン付大型トラック荷台に山盛りのボリュームであった。

たしかに築１６０年の解体材というだけあって、全部がチョウナ◆[18]で仕上げてあるすばらしいものである。

もちろん煤だらけ、古釘いっぱい、解体傷だらけという、見た目はまさにゴミの固まりのような代物だが、材そのものは直径30センチ前後の太い広葉樹で、長いもので5メートル程度はある。すばらしい建築材料である。

しかし、重い。動かせない。太いのは1本２００キログラム以上あるだろうか。事前に用意したパレットの上に積まれた18本の黒い梁を前にして、しばし声もなかった。どう処

理すりゃいいんだ？　とんでもないもの落札しちゃったかも……。でも仕方がない、もう買っちゃったんだから。あとはつくるしかない、である。

まさに、これで建築工法と、建物面積が決まったのである。まさか、この梁の山を前にして、ツーバイだのドームハウスだのという奴はいないだろう。これだけあれば、小さな神社くらい組めそうな梁材である。これは、正真正銘、在来工法で組むしかないのだ。

まず小屋組み[19]をどうするかを決めて木取り[20]をしたら、材の中心を出し、後はそれぞれの仕口をどう刻むか、考えるだけである。材料の長さから概算して、面積は奥行き三間（5・4メートル）、幅六間（10・8メートル）、18坪弱くらいまではいけそうであった。

この時点で、内装は落ち着いたジャズカフェらしく、シックな和風モダンで統一することに決めた。この太く黒い梁を活かさない手はない。イメージカラーは白と黒である。

壁の部分は白い漆喰の荒らし[21]で仕上げる。天井と床は黒、またはそれに近いダークオー

◆18　チョウナ：古い時代の大工道具のひとつ。木製の柄をつけたくわ形の斧。太い木材の表面を粗削りするのに使う。
◆19　小屋組み：建物の屋根を構成する骨組みのこと。屋根の形をつくるのを目的とする
◆20　木取り：大型の木材から、必要なサイズの材料を切り取ること
◆21　荒らし：漆喰壁などの表面を、平らではなく鏝の目を残したまま仕上げる方法

クで、梁材との色調の統一を図ることにした。

素材の出所が一定しないさまざまなゴミになる可能性があるからこそ、色彩的な統一感は大切である。きちんとしたイメージで統一しないと、すべてがバラバラでなんだか落ち着かない店になってしまうであろう。内装を白と黒に統一すればシックで落ち着いた感じの店内になるはずである。

そう考えると、かなり具体的な形でイメージができてくるのであった。そして、こうなった以上、次に必要なのは基礎と土台、それに柱である。

今度はそれらのゴミを探さなければならないのだった。

さて、フッーに家や店を建てる場合、まず全体の面積や工法を決めて、それに基づき材料を積算していく。あるいは最初に予算ありきで、予算総額から建築面積と、工法を決めてゆくわけである。今回のように、建築面積も決まっていないのに、最初に梁を入手するなんてことはまずありえない。

しかし、この店づくりのトータルコンセプトは、ゴミを使った「フツーじゃない店」ということなのだから、手に入るものを利用してつくれるところからつくるしかないのだ。

もちろん建築手順というものはあるから、最初に屋根からつくりはじめるわけはないのだが、入手できた材料のあるところから、という場合もありということだ。

かくして、ヤフオクでの成果から、具体的な店づくりがスタートすることとなった。基本的な工法が決まれば、後は迷うことはない。心配なのは、財布の中身だけ、ということになる。賽は投げられた、のであった。

3章

店づくりの実際Ⅰ　店の基礎から外壁まで

リサイクル資材をどう使うか

中古電柱を探し出す

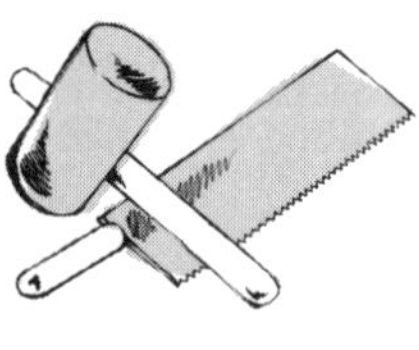

建物を建てるには、どんな形にしろ基礎が必要である。今は建築基準法の関係もあって、コンクリートの布基礎と、湿気防止も兼ねてベタ基礎の両方を使うことが多い。
だが、大島の昔の建物はそんなものは使っていなかった。海岸から持ってきたと思われる丸い自然石を並べて、土台と柱を乗せただけである。だいたいセメントなんてものはなかったのだ。そんな基礎の家が１００年近くも腐りも倒れもせずに建っていたのだから、昔の建築技術というのはたいしたものだと思う。
石やコンクリを使わない方法では、最も簡単なのに「掘っ立て」という工法がある。何らかの腐敗防止を施した柱を直接土に埋めてしまう建て方で、大昔からある。これは立てた柱の地際が腐りやすいため今は使われない建て方だが、古電柱など防腐対策のしっかりした材料を使えば20年やそこらは平気なので、昔は建売の安い分譲別荘などによく使われていた。

以前、まだマスコミで仕事をしていた頃、茨城県内のある別荘地でそんな業者を取材したことがあった。その安売り分譲業者は、「掘っ立て基礎で大丈夫なのか?」という質問に、「この程度の建物だと掘っ立ての電柱部分より、先に上もの（建物本体）が腐りますから心配要りませんよ」と笑っていたものである。

安いとはいっても、当時で200〜300万円はする建物だ。何も知らない購入者にしてみればたまったものではないが、それくらい古電柱は丈夫だということである。

かくて、わがゴミの店づくりは、この掘っ立て基礎で行くことに決めた。

とにかく、あれだけ太く重たい梁を乗せるとなると、それなりの太さの柱を使わねばならないし、そうなると、それらすべての重量を支える土台や基礎はもっと丈夫にしなければならなくなる。しかし、そんな大掛かりな基礎を打つ予算はないのだ。ここは直接大地、地球にその重量を支えてもらうしかない。

とはいっても、掘っ立て基礎だけでは壁周りの柱や間柱、筋交いなどを組み込むことができない。現在では法律上の問題も生じるだろう。仕方がないのでいろいろ考えた末に、埋め込んだ基礎柱の間にすべて布基礎をまわし、アンカーボルトで土台を固定。土台と埋め込み柱を簡単にほぞ組したあと金物で固定することにした。これなら柱や筋交いは布基礎上の土台にすえることができるわけである。

まあ、人が居住する住宅ではないし、平屋で15坪（50平方メートル）程度の茶室や簡単な作業用建物を転用したというふうに考えてもらえばいいわけだ。幸い建設予定地は無指定地域だし、近隣住宅との距離もかなり離れているので周辺との問題は生じない。

とにかく法の精神は遵守して、地震で壊れない丈夫な建物を建てようということで納得したのであった。

建物を建てるときには建築予定地の自治体から建築確認を取得しなければならない。建築基準法上問題がないということの了解を得るためだ。提出書類には専門的なものもあるので、この作業は建築士などに依頼するのが一般的だ。もちろん施主が自分でできれば何の問題も生じない。

ただ、倉庫や旅館、映画館などの特殊建築物で100平方メートル以下の場合や、木造建築でも階数、面積、高さなど一定の条件以下のものは必要対象から除かれている。また、都市部ではない地方、特に農山村などの田舎や過疎地、離島などでは、一定条件で必要とされていない地域もある。細かなことは自治体の建築指導課などで教えてもらえる：「追記」参照。

だが、この木製の古電柱がなかった。古雑誌などから電柱専門の業者を見つけて連絡を入れても、もはや扱ってなかったり、なかには廃業していたりと、さんざんである。さすがのヤフオクにも、長いものはまず出てこない。もはや電力会社が木製の電柱を使ってないのだから、廃棄物が出るわけはないのだった。

仕方がないので検索サイトのグーグルで検索して、何軒かのガーデニング業者をあたり、やっと中部電力とNTTの中古電柱を入手できることになった。3メートルものは1本3500円、4メートルで5000円であった。全部で取り混ぜ15本ほど購入した。運賃込みの7万円強で柱が手に入ったことになる。

また、最近は木製の中古枕木まで輸入されていることもわかった。今回は使わなかったが、鉄道線路用の枕木も古電柱と同じく腐りにくい上に、サイズが手ごろでしかも面取りがしてあるから、屋外用の建築材料としては人気が高いのだ。だが、これも国内の鉄道会社からはほとんど出てこなくなったらしい。

いまや中古枕木といえば、中国、カナダ、オーストラリア製である。ヤフオクにも業者が出品している。2メートルもの1本、3000円前後、たまに国産のJR廃棄品などもある。

ただ、国によって木材用防腐剤の使用制限基準が違うので、日本では使用禁止の薬品が使われている可能性もないとはいえない。その辺の見極めが輸入業者任せというのがちょっと気になるところだ。

建物の構造

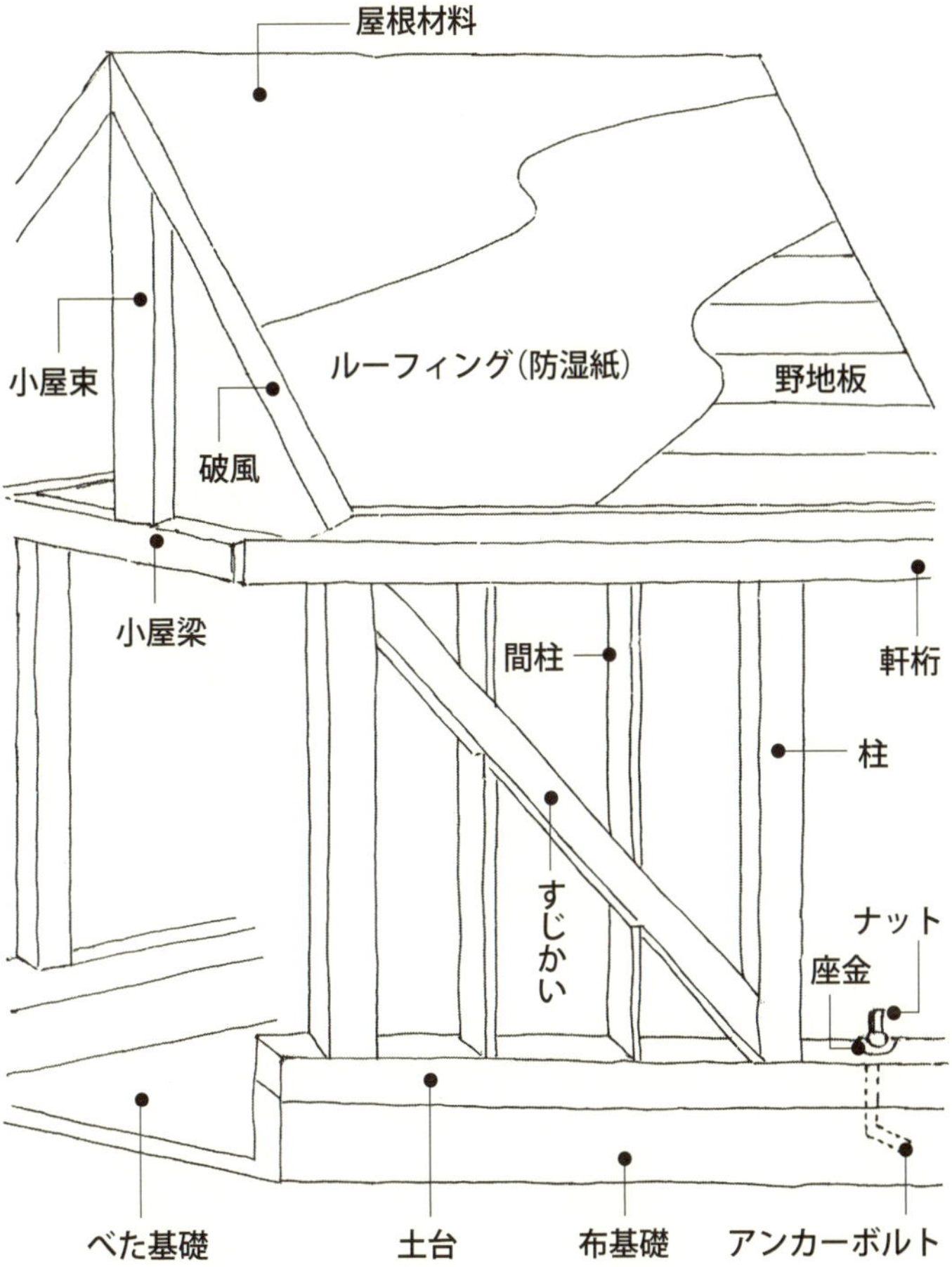
屋根材料
小屋束
破風
ルーフィング（防湿紙）
野地板
小屋梁
間柱
軒桁
柱
すじかい
ナット
座金
べた基礎
土台
布基礎
アンカーボルト

土台

基礎と土台をどうするか

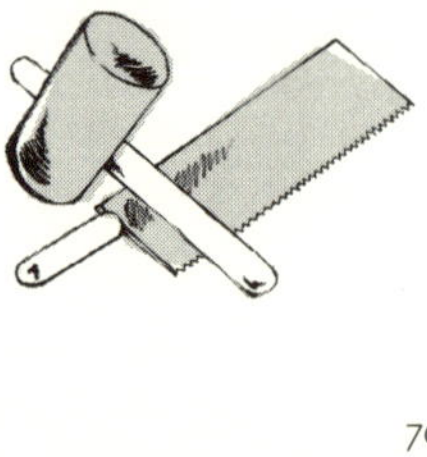

柱の古電柱を探している間に、梁を使えるような材料にしつらえなければならない。解体現場から届いた廃材は、あくまでゴミで、そのままでは材料にならないのだ。

まず古釘や金物をバールで1本ずつ外し、金属たわしで煤を落とし、木組や割り当て場所にあわせた長さに切断しなければならない。しかし、なかには長さ6メートル、直径40センチといった大きなものもある。一人では動かせないほど重い。

仕方がなく、キャスター付の移動用台車をつくることにした。直径100ミリのキャスター8個をヤフオクで落札。直径70センチほどのケーブルドラムを解体してキャスターを取り付け、即席の移動台車をつくった。これで太い梁も何とか運べるようになった。面白いもので、手ではびくとも動かなかった太い梁を2台の台車に乗せると、ゴロゴロとロープで楽に引っ張れるのである。

こうして現場合わせがはじまった。屋根の中心部分の支え、母屋を乗せる中央部には太く長い物を選び、台車に乗せゴロゴロ。建物外周部分には工作のしやすい、細くて曲がりの少ないものをゴロゴロ。建物の形に材料を合わせ台車で移動してゆく。大体の位置が決まったら、それぞれの長さを出しチェンソーで刻んでいくのである。

しかし、これは変わった作業であった。規格サイズに製材された市販の木材を組み合わせていく家づくりと違い、目の前にある部材はサイズ、形、曲がり方まですべてが違うのだ。それらをうまく組み合わせていくには、さまざまな工夫が必要である。

ああでもない、こうでもない、こっちのほうがいいんじゃないか、などと、乏しい頭をフル回転させながら材料を合わせて組んでいく。いままでの家づくりでは経験したことのない工程であり楽しさである。まさに究極の「現場合わせ」であった。

店の設計は、いつもお世話になっている親しい一級建築士さんに頼んだ。自宅その他、今までつくった家の設計をお願いした方である。私のような変わり者の設計依頼にも、いやな顔ひとつせずに対応してくれる親切な方だ。

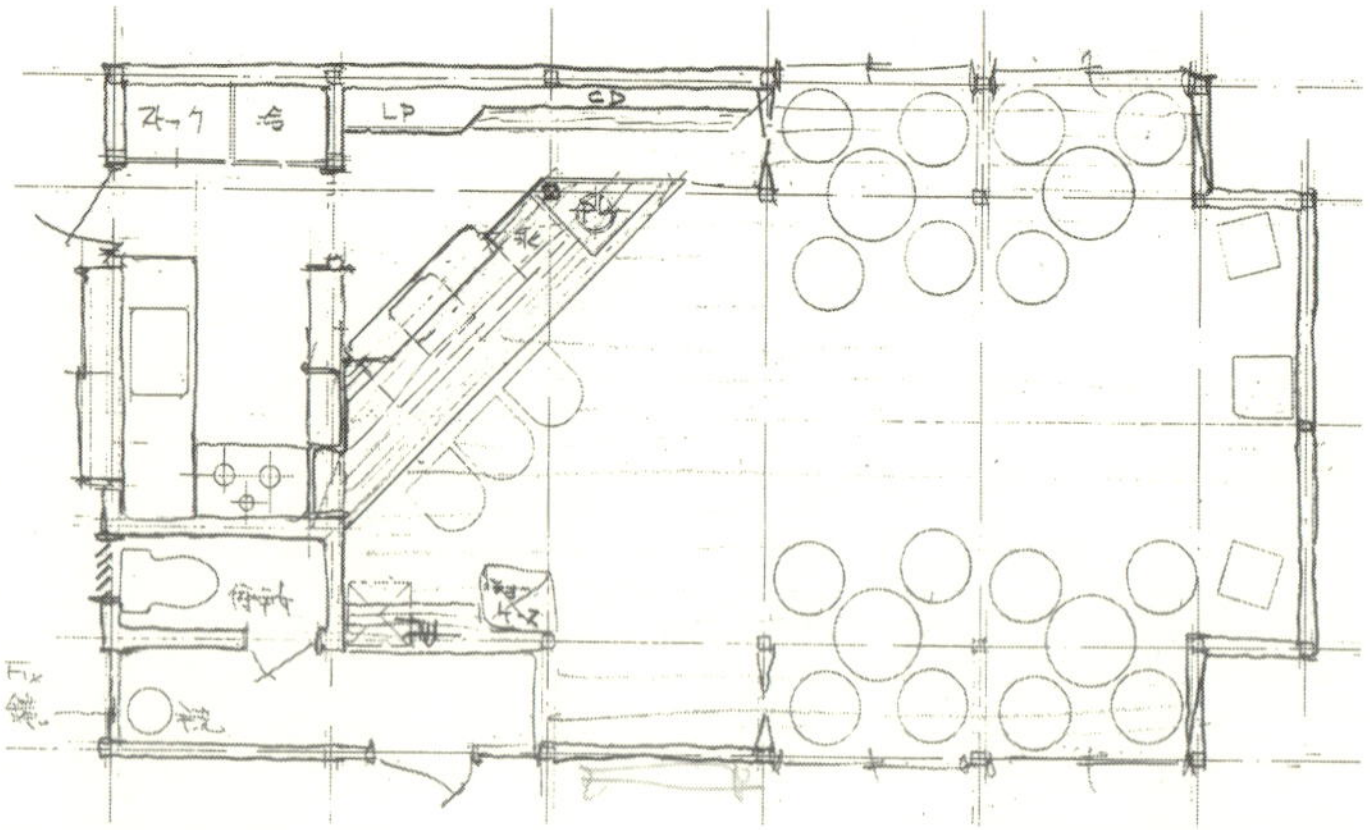

店の設計平面図、ラフスケッチ　©廣瀬一級建築士事務所

ただ、今回は確認申請をお願いするわけではないし、構造計算なども不必要。おまけに「細かなこと書いても、俺の設計どおりつくる気なんてなさそうだし……」と、しっかり私の胸のうちまで読まれてしまい、大まかなスケッチを書いてもらうだけとなってしまった。

正直いって、素材がゴミである以上、細かなところまで設計指定されてもそのとおりつくれるかどうかは、まったくわからないのである。できあがった数枚の外観スケッチや平面図を基に、現場で判断しながら工事を進めていくしかないのだ。

それでも、窓の位置や客席のアレンジなど、さすがにプロの書いたスケッチはよくできている。見ているだけで大体の工程や必要とされる部材などを想像することができるのであった。

このスケッチどおりにつくれば、かなり洒落たカフェができそうである。

さて、基礎と土台である。

フッー、掘っ立ての場合はあらためて基礎など打つことはなく、地面に穴を掘り、その下に大小の石を入れ突き固めながら柱を建てていく、という方法をとることが多い。床束も同じように電柱を短く切ったものを三尺（90センチ）間隔で立て込んで、独立基礎◆22をつくってしまう。

ただ、わが店の場合、柱の間に布基礎をまわすこととなったため、基礎用の型枠をつくるコンパネや鉄筋、ボルトなどの金物、土台用の角材が必要になってしまった。大引きを支える束石も必要になってくる。

何のことはない、「フッーじゃない店」を模索しながらも、こと基礎部分に関しては、限りなく「フッーの店」に近づいてしまったのである。まあ、変わっていることを売り物にするわけではないから、必要ならフッーのやり方も取り入れるだけである。特にこだわ

◆22 独立基礎：1本ずつの柱の下に設けられ、その柱だけを支持する基礎のこと

床下断面図

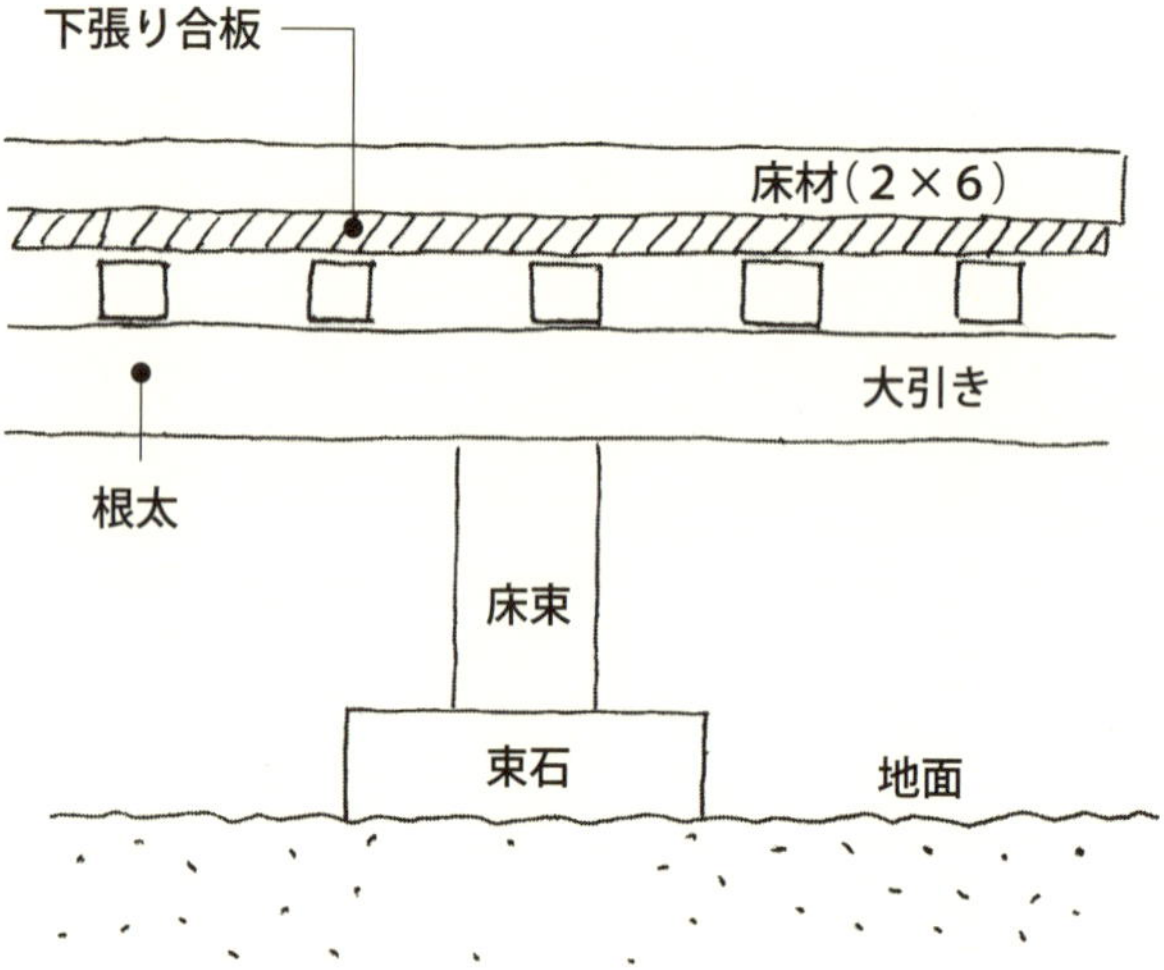

ることもないのだ。

型枠を切り出すコンパネは1回使うだけだし、使えばコンクリで汚れてしまうものだから中古で十分だが、島では手に入らない。かといって小さく切られた品では型枠はつくれない。ヤフオクにも中古のコンパネなど、大型サイズのものはめったに出品されないのだ。

しかたがないので、10年来のつき合いがある都内の解体屋さんから土台と一緒に購入することにした。比較的きれいな中古コンパネは、1枚500円程度。あまりお買い得とはいえないが、少しでもコストを下げるためには無駄は許されないのであった。

掘っ立ての電柱を立てる穴には、海岸から調達した大小の石を入れ、杉の丸太でつき固めた。大型の低気圧が通った後に、たくさんの石が打ち上げられているような場所からである。

実際の作業がはじまって、外壁の位置に張られた水糸[◆23]にそって穴を掘り、二間（3・6メートル）間隔で電柱をきちんとそろえて立て込んでゆくのは、なかなか体力と神経を使う工事であった。ここで柱を真っ直ぐに揃えておかないと、家の外壁が凸凹になってしまい布基礎をまっすぐまわせなくなる。

腰痛持ちにはきつい作業なので、午前中に1本、午後1本のペースで休み休み進めていく。ひとつの工程自体は1時間もあれば終わってしまうのだが、そのまま作業を続けると疲れが腰に来て、翌日動けなくなるのである。

効率は悪いが、休まず10日続ければ、合計20本の電柱が柱として立ち並ぶはずである。焦らずに続けていくしかないのだ。もちろん拾った石代はタダであった。

◆23 水糸：建築工事などで、水平線を示すのに用いられる糸のことところで、店の建築予定は鶏小屋のあった場所である。農地ではないのだが地盤は土で硬くはない。穴を掘るには楽でも、そのままでは建物の地盤としてはいいわけがない。どうしようかと思案していたら、知り合いで土建業を営む社長さんが「暇な時に地盤整備してやるよ」といって作業をしていただけることになった。

工事当日は、小型ダンプが何往復かして建築地にリサイクル砂利を厚さ10センチ以上敷き詰めた。そこを社長自ら運転する道路舗装工事用のロードローラーがバイブレーションをかけながら何度も往復して転圧。すると地面はコンクリート舗装の下地のようにカチンカチンに硬くなってしまった。さすがに土木工事用重機の威力はすごい。半日の工事で地盤整備ができてしまったのである。

「せめて材料費くらい負担します」と私が申し出ても、その社長さんは「リサイクル砂利なんていくらでもないからいらない。（それより）面白い店をつくってよ」といってお金は受け取ってくれなかった。結局、工事費その他すべて無償ですんでしまったのである。

一人で安く店をつくる時に気をつけなければいけないことは、一人＝孤立・孤独、ではないということだ。特に建物そのものを躯体からつくろうとする場合は、すべての作業を一人でするわけにはいかない。貸し店舗の内装工事などの場合も基本的には同じである。

現場で作業を進めていくのは自分一人だとしても、その後ろには多くの助っ人や協力者の存在があり、それがあるからこそ一人でも店が建てられるのだ。これは大切なことなので、きちんと認識しておく必要があると思う。

土台は、ヒノキで三寸五分（10・5センチ）の柱の解体材（中古材）を購入した。コンパネと同じ解体屋さんからである。

この手の商品も、ヤフオクにはあまり出品されない。たまに出されている木材も新品に近くたいして安くはない。今回は建築面積も小さく、必要量もたいしたことはないのでヒノキ材を奮発したのである。

価格は九尺（2・7メートル）もので1本1000円ほど取られるが、必要なのは20本ほどだし、きれいに再生されているので、仕上げる手間もいらない。

ヒノキ材のよさはあらためて説明するまでもないだろう。杉材に比べたら値は高いが、耐久性は比べようもなく強い。屋外のテラスに使われたような物でも10年やそこらびくともしないのである。

現在、都内23区内には、解体材料を販売する業者さん、いわゆる「解体屋さん」は、ほぼなくなってしまったようだ。商品である解体材料を保管する広いストックヤードが必要だし、そんな土地があれば駐車場にでもしたほうが経営効率がいい、と考えられるからかもしれない。

私がお世話になっているこの解体屋さんも千葉県境に近く、駅からは遠い。ただ、在庫は豊富だし面倒見がよいのでいつも無理をお願いしているのだ。

柱や梁などの角材からアルミサッシやドア類、電気器具関係、エクステリア部材など、ありとあらゆる解体部材が店内からあふれるように置いてある。みな一品ものだが、現物を見ながら選んでいけるのは本当に助かる。

材料の出所は各種の解体現場で、本来はゴミとして処分される品物だから安値の掘り出し物に出会うことも多い。ちょっと残念なのは、最近解体材の需要が多いらしく、価格が上昇傾向になってきたことだ。まあ、こればかりは仕方がないことであろう。

さて、柱と土台の材料は入手できた。あとは、布基礎を打つセメント、砂、砂利、金物が少しだが、これは地元の土建屋さんから購入した。砂などは、プロ価格だと1立方メートルいくら、という単位になり、軽トラ1台分買っても1万円でおつりがくる。なんせ公共事業で食っている、といわれるくらいの島だから、島内の土建屋さんに砂利や砂の在庫は山積みされている。

セメントも同じで、島内小売価格は、内地価格の倍、またはそれ以上はするが、送料をかけると、少量なら内地から個人で運んでもそう変わらない価格になってしまうのだ。

アンカーボルトなどの建築用金物は、ヤフオクにも多数出品されているが、もともとそんなに高価なものではないから、出品価格もたいして割安になっていない。地元で購入してもそう大きな価格差にはならないのである。

ただ、それらを混ぜるコンクリートミキサーと、運搬用の一輪車（ネコ車）だけは必需品で、必ず購入しなければならない。これがないと5メートルの基礎を打つ分の生コンをつくるだけで、くたくたになって動けなくなってしまうだろう。

実は、セメントを練るという作業はものすごく力のいる重労働である。プロの左官屋さんは、何気なく作業をこなしているように見えるが、とても素人が真似できるような力の使い方ではないのだ。

小型モーターの付いた１００ボルト用のコンクリートミキサーは、今は中国からの輸入品が安く、ヤフオクにもたくさん出品され1台3万円前後で手に入る。

国産のものに比べると明らかに品質的には劣るものが多いが、とにかく安い。「一軒建てるために使い捨てにする」気持ちで買えば、十分使用に耐えるものである。もちろん、コンクリートだけでなく、肥料などの混合にも使える。

一輪車の中古は、なかなか出品されないが、根気強く探せばたまに出会える。出ていれば、驚くほど安く、特に工事現場などで使用された汚い中古が出品されれば、ただ同然である。もともと使えば汚れてしまうものだし、長期間使用するものでもないので、安い中古に出会えればすぐ落札すべきものだ。

また、一輪車、コンクリートミキサーなど不定形の品の落札で特に気をつけなければいけないのは、送料である。ものによっては梱包不可能な品もあり、落札価格より送料が高くなる場合もあるからだ。

出品者の出品地域がどの辺か、発送方法や、輸送業者はどこを指定しているかは、入札時に特に注意しなくてはいけない。こういった不定形の大型商品は宅配業者によっては配送不可のものもあるから要注意である。

柱、間柱、筋交い、垂木

ご近所の解体家屋一軒分をもらう

工事をはじめて1週間、敷地にエンタシスのように古電柱の柱が立ち並びはじめた時、近くに住む知り合いの方から、「自宅の離れを建て替えで壊すから古材を使わないか」という申し出があった。書庫として使っていた六坪くらいの離れを、ユンボを使わないで手で壊しているという。

いまどき機械を使わないで建物を解体するなど、めったにあることではない。重機で壊せば作業が早く、人件費の節約になるからである。反面、木材はすべて破壊されるため、リサイクル材として使うことはできない。大助かりであった。

結局、この方からはその解体材を小屋一軒分、丸々いただくことになった。三寸角の柱や、一寸二分の垂木など、長短あるが、かなりの量である。もちろん古材ではあるのだが、再生すればまだ十分に使えるものだ。これで、大引きや柱、間柱など、ある程度の物は揃ってしまったことになる。ただ、長い材料が必要な筋交いや屋根垂木などは、解体屋さんから買わねばならないだろう。

こうなると、手に入れた材料を再生するのが主たる仕事になってくる。もらった古材の錆び釘を抜き、部分的にカンナをかけたり、防腐剤を塗ったりといった仕事が増えてくるのだ。リサイクル材を使うということは、直接的な建築以外のこういった下処理がかなり重要で手間のかかる部分となる。

しかし、そのままではまるで「ゴミ」にしか見えなかった柱や垂木が、古釘を抜いたり割れた部分を補修したりしていくと、見事に使える「材料」に変身してくるから感激である。また、垂木などは解体現場から出た一尺（30センチ）程度の短いものであっても、けっして無駄にはならない。そもそも必要だから長い材料を切って短くしたのだから、適所に使えばあらためて長いものを切る必要がなくなり、かなり材料費節約に貢献する。「適材適所」とは、まさに解体材再利用の極意であろう。

こういった解体材を再利用する視点で見れば、在来工法で建てられた家は最高である。

合板や薄い野地板以外の多くの材料が再利用できる。

合板は、耐久力的に疑問があるので、建築用にはリサイクルしたくない素材であるし、細かくサイズが違う使用済みの合板を、再利用するほど手間のかかることはない。

もっとも、解体専門業者の話では、最近は在来工法の家でも壁や床、天井部分のほとんどはボードと合板だから、再利用できる木材は少なくなったそうだ。


また、あらためて書かなかったが、新品の材料を使わず「ゴミ」、つまりリユースする材料で建物を建てるなら、何はなくても軽トラックだけは用意しなければならないだろう。とにかく「配達」してもらえる材料なんてないからである。すべて自分で運ばなければならないものばかりなのだ。軽トラは、リサイクル・セルフビルドの必需品ともいえる。

ちなみに現在わが家にあるのは、都内の畳屋さんが使っていた10年落ちのスバルサンバーで、予備検付◆24 4万5000円で落札したものである。もちろんヤフオクだ。ドアに前所有者の店名が入っていたので極端に安かったのだ。さすがにその部分は地元の整備業者さんに頼んで塗装して消してもらった。

◆24 予備検：予備車検の略。自動車販売店などが、使用者が決まる前に商品自動車の車検を受けて合格させておくこと

梁と桁を乗せる

チェーンブロックと単管を探す

腰痛を気にしながら、毎日2本ずつ古電柱の柱を立てる。直径50センチ、深さ60センチほどに開けた地面の穴に電柱を落とし込んでいく作業である。穴がすり鉢型に広がらないように同じ直径で真っ直ぐに掘れるようになるには、それなりの経験が必要だ。落とし込む電柱には、念のためもう一度防腐剤を塗り、穴の底には大小の石を敷きたたき固め、電柱が沈み込まないようにする。単純だが手抜きは許されない作業だ。

外側に使用した古電柱の重量は、せいぜい60~70キロ程度。片方を持ち上げ、立ち上げるのもそれほど苦痛ではない。しかしそれだけでは中央部分の柱が不足したので、転用して使った太い古梁の重量は200キロを超えていただろう。一人ではどうしても立ち上げることができない。

結局、軽トラックの荷台に片側を載せて、その反対側を落とし込む穴の端に合わせ、そのまま車をバックさせながら少しずつ押し上げるようにして立てていくことになってしまった。まさに、軽トラが壊れるんじゃないか？　と思えるような作業であった。

最後は、軽トラの荷台の上で柱と相撲をとるような格好になり、必死の思いで基礎の穴に柱を落とし込んだのであった。ユニック付のトラックでもあればあっという間に済んでしまうことだが、一人で自分の力で建てると、こういう作業もこなさなければならないのだ。

すべての柱が立ち終えたところで、1ヶ月ほど放置する。柱が自分の重量で沈み込み、落ち着くのを待つのである。この期間は長いほどよいのだが、そういつまでも放置はできないので、今回は1ヶ月で妥協した。

その後、水準器[25]で垂直をとり、動かないように貫（杉板）で仮固定。今度は水平の基準点を出して墨（印）を付けていく。これが決まらないと、建物の水平基準が決まらない。普通は、基礎工事をはじめる前にする作業だが、掘っ立ての場合は柱が立たないとできないのである。地味だが最も重要な作業だ。

◆25 水準器：ある物体の地面に対する角度や傾斜を確認するための器具。レベルともいうしかし、この水準器が結構な値段なのであった。最近の品はレーザーを使用し性能はいいが高いのだ。しかも建物一軒建てるのに1回しか使わない。ヤフオクにも新品はかなり出品されているが、中古はあまり出ていない。

結局、購入をあきらめ、知り合いの若い大工さんに作業を頼んでしまった。プロの大工さんはみな持っている機械である。作業は2人で1時間弱で終了。あっけないほどであった。

水平基準が出たところで、それに合わせて布基礎の型枠を組む。埋め込んだ電柱の周りに水糸をまわし、それに沿って型枠を組んでいくのである。基礎の幅は12センチ、土台用のヒノキ柱が乗るサイズである。流し込んだ生コンが固まらないうちにアンカーボルトを入れて天側を水平にしなければならない。

これも手間がかかる上に腰痛もちにはかなりこたえる作業だ。1日に打ち込める量は距離にしてせいぜい二間（3・6メートル）程度。それでも1週間ほどで作業は終了した。

生コンづくりにはヤフオクで落札した中国製のコンクリートミキサーが大活躍したのはいうまでもない。ミキサーを回しながら砂、砂利、セメント、水とバケツで放り込んでいくだけで生コンができてしまうのだから大助かりであった。

一輪車で打ち込みやすくするために多少水分を多くしたが、生コンはすぐに固まり、一週間もたたないうちに型枠を外すことができた。これで土台を据える準備ができたのである。

次は、埋め込んだ柱の上に桁と梁を乗せていかねばならない。例の、築160年の解体材である。使う場所に応じて、切り込みやほぞ加工した梁を組み立てていかねばならないのだ。1本200キロ近くあるであろう梁は、1人では持ち上がらない。かといって、経費的に見て作業用重機など雇える工事ではないのだ。

考えついたのは、建築足場用の長い単管3本でやぐらを組み、そこにチェーンブロック◆26をぶら下げて、それで梁材を吊り上げるという手法であった。梁の高さは地上2メートル50センチ程だから4メートルの単管があれば必要な高さの足場が組めそうである。

ありがたいことにチェーンブロックはヤフオクに中古がいっぱい出品されている。手ごろな0・5トン用が3800円で落札できた。さすがに単管の長いのはオークションでは

◆26 チェーンブロック：滑車、歯車に鎖を組み合わせて、重量物を持ち上げるための器具

無理で、これは地元の土建屋さんから購入した。

吊り下げ用の専用ロープは、これもヤフオクに出品されていたものを落札。

こういった特殊な品物の中古出品物はとにかく安い。つまり、フツーの人はこの手の商品を必要とするようなことはない、ということであろう。おかげで、フツーではない店づくりをする側としては、大助かりである。

現場で吊り上げた梁を実際に柱に乗せてほぞの収まり具合を見る。うまく合わなければ下ろして再加工、また吊り上げ直す。ダメならさらにもう一度、といったまさに素人工事が延々と続き、それでも10日ほどですべての梁や桁を乗せ終わることができたのである。

もちろん、接合部はほぞ合わせ[27]だけでは心配なので、すべての繋ぎ部分を建築用の羽子板ボルト、ナットで三方から補強し、ガチガチに締め付けた。これならかなりの地震でも大丈夫なはずである。

◆27 ほぞ合わせ：接合部分のほぞ（突起部分）と、ほぞ穴とを組み合わせること

屋根垂木とヒノキの野地板

屋根下地材をどうするか

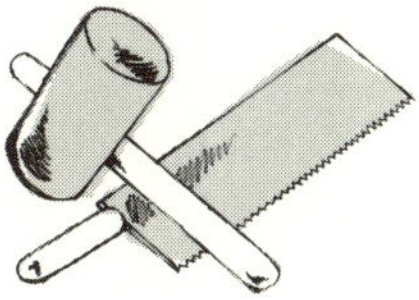

柱が立ち梁や桁が乗れば、あとは母屋◆28を乗せ屋根下地◆29の垂木をかけるだけである。屋根の下地となる部分だ。

幸い母屋に使える八寸（24センチ）の松梁は二間（3・6メートル）物15本ほどの手持ちがあった。以前、なじみの解体屋に顔を出した時に「松梁がたくさん出たので、安いから買っとかないか?」といわれ、まとめて引き取っておいたものだ。1本3000円程度だったと思う。使わなくなった鶏小屋にしまって取っておいたのだ。

田舎はこういった材料を保存しておく場所があるからいいが、都会の住宅事情ではこう

◆28 母屋：建物の小屋組み構造材のひとつ。屋根を支える中央の部分

◆29 屋根下地：屋根の仕上げ材に対してその基礎となる部分。一般的にはルーフィングや野地板で構成される

はいかないであろう。田舎暮らしのいいところは、個人が大きな空間を所有できるところだ。家づくりなどの作業をすると、つくづくそう感じるのである。

さて、後は野地板[30]である。これは屋根の仕上げ材によって、たとえばコロニアル材[31]の屋根には、たわみを防ぐために合板[32]を使う場合が多いとか、それぞれ適した下地材が違ってくる。

黒板五郎の拾ってきた家では、屋根に土を乗せ草をはやすなどの工夫をしてあったが、それはあくまでドラマ用と考えるのが普通であろう。現実的には、ぎりぎりの予算でつくっているこの店で、屋根材はトタンしか使えない。考えつく屋根材では、それが一番安いからである。

しかし、その点では下地は楽で、あまり屋根材の制約は受けない。普通の野地板でもかまわないわけだ。しかも、今回は贅沢にヒノキの野地板を使うことができた。

といっても、まともな商品ではない。国産のヒノキを製材した時に出た「せいた」、つまり皮の部分がついている最も周辺材の切り落としである。

この手はヤフオクには出てこないから、仕方なくグーグルで「野地板」と検索をかけて探したのだ。関西、吉野にあるヒノキ専門の製材屋さんのホームページで見つけた。価格は、なんと坪500円である。

いまは、屋根にコロニアル材を使う場合が多いし、そうでない場合でも、工期短縮のため野地板のほとんどは合板を使うことが多い。結果として、行き場のなくなった国産材の野地板は、捨て値同然になっているのだった。

現地に連絡してサンプルを取り寄せてみると、このヒノキの野地板は、厚さ10ミリ、長さ2メートルほどの品で、幅こそ8〜13センチとばらばらだが、表面に仕上げカンナをかけたら、フローリングにしてもいいようなよい品だった。

全部で40坪以上購入し、たっぷり使えるので屋根下地を二重にして、その間に断熱材をはさむ構造にすることができた。なんと総額2万円強！ で済んでしまった。これで雨音の防音効果も期待でき、当然断熱効果もあるから屋根は薄いトタンで仕上げても大丈夫になった。

◆30 野地板：屋根を葺く下地にするため垂木の上に張る板のこと
◆31 コロニアル材：屋根仕上げ材の一種。平型化粧スレート系屋根と呼ばれる
◆32 合板：薄く切った板などを奇数層、互い違いに張って接着した木質ボードのこと。さまざまな種類がある

その後、製材機械が進歩したのであろう。この手の「せいた」は超仕上げ鉋をかけて無垢のフローリングとして商品化されるようになったようである。今はそういった厚さ10ミリ程度のフローリングが安価で販売されている。

床用フローリングといえば、厚さ20ミリ、薄くても15ミリが普通であったのに、合板下地の上に化粧仕上げで使用するには10ミリ程度の薄さでも構造上の問題はないということかもしれない。おかげで、このヒノキの野地板はその後再入手することはできなくなってしまったのである。

屋根下の垂木も、譲ってもらった解体廃材を最大限活用した。ただし、仕上げが見える天井垂木などは、これでは間に合わないので、解体屋さんから購入した。

これらの中古木材も、ヤフオクでは安いものは出てこない。中古木材自体、まとまった量がほとんど出てこないのだ。栂《つが》の垂木、三寸（9センチ）、4メートルものが解体材だと1本350円である。これは内装用にも使いまわしが利くので、例の解体屋さんから60本ほど購入。筋交いの杉材と合わせても3万円ほどであった。

建具、窓、ドアなど
新品難ありドア、中古アルミサッシを探す

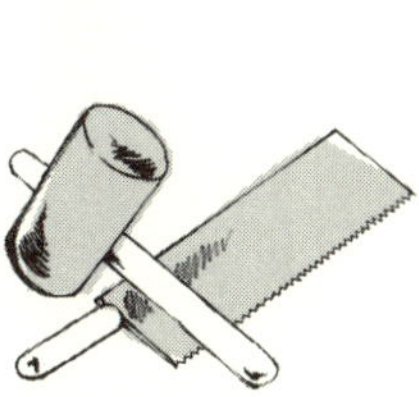

サッシ窓やドア類はヤフオクにもかなり出品されている。ただ、私の現場に合うサイズの品は少ない。また、小さいサイズのサッシは需要があるのか、競争相手と競り合いになることが多く、結構高価格になってしまう。一番安いのは一般住宅用幅六尺（1・8メートル）の掃き出し窓用サッシだが、住宅をつくるわけではないのでこれは使えない。というわけで、設計スケッチにあるような店舗用の気に入ったデザインとサイズの窓が揃うまで、これも数ヶ月の時間を要した。毎日ヤフオクに「サッシ」と検索を入れ、探すのである。

特に苦労したのは、店のデザインの要となる高さ45センチ、幅180センチという横長の窓用嵌め込みのサッシだった。これは窓外への無駄な視線をカットして、店内の落ち着

いた雰囲気を演出するためにぜひとも必要なサッシなのだ。全部で3枚必要なのである。なかなか出品がなく困り果てていたのだが、たまたま鹿児島の業者が出していたのを見つけた。どこかの工場の天窓に使われていた品の中古で、1枚6000円で入手できた。まさに運がよかったとしか思えない。一般住宅などでは決して使用しない特殊なサイズのサッシである。

こういった、めったに手に入らない商品が出てくるのもヤフオクの特徴で、気長に、かつ、こまめに検索すれば、かなり変わった建築用資材でも入手できる可能性がある。明かり取りと外気の取り込み用になる縦長のジャロジー窓[◆33]サッシ2枚も、やはりヤフオクで見つかった。みな4000円以下である。それでも足りなかった残りの2枚は、地元のサッシ屋さんからもらうことができた。私の店づくりに興味を示してくれた知り合いのサッシ屋さんが「使わない古い在庫があるからサイズが合うなら持っていっていい」とくれたのである。大助かりであった。

同様に、各種のドア類もヤフオクに数多く出品されている。

店の玄関用ドアは、たまたまいつもの解体屋さんから買っておいた、細いカットガラスが入った無垢の木製ドアになった。事前に買って保存しておいたものだ。どこかの個人医院の玄関に使われていたものらしい。こげ茶色のかなり重たい上質なドアである。

勝手口用のドアは、ヤフオクで落とした。高級サッシドアの新品である。これは専用網戸が組み込まれたカタログ定価10万円以上する品だが、専用のドア枠が欠品しているため鍵付800円で落札できた。木造の家だから、鍵とドア蝶番さえついていれば、ドア枠なぞは自分の木工事でつくってしまえばいいのだ。このドアはお買い得だったと思う。

さらに、厨房と客席の仕切りに使う引き戸ドアも新品、難ありが落札できた。合板製の普及品の引き戸だが、縦にすりガラスの入った品のいいドアである。新築の工事現場で上部に直径3センチほどの穴を開けてしまった品であった。工事現場では、職人の施工ミスにより使用不能になったこの手の品が時々出るのである。

昔なら当然ゴミとして廃棄されるのだろうが、いまやゴミに出すとお金を取られる時代

◆33 ジャロジー窓：住宅用ガラス窓の一種。細長いガラスを並べ、そのガラスを上下させて窓を開閉させる。外部からの視線を遮断する効果がある

である。オークションでいくらでもいいから処分できたらと考えるのであろう。最近はこの手のジャンク品の出品も多く見られる。もちろん、自分で使うための品物としては、何の問題もない。3センチの穴には、きれいなシールを張ってそれで修理完了。新品のドアが使えるのであった。

落札価格は、競争者が少ないため、2300円で済んだ。いまどきこの国には穴の開いたドアなど欲しがる人は少ないのである。

トイレのドアは、どこかのマンションの室内ドアが出品されていたので、それを落札。ダークオークのシックなドアでトイレの入り口ができ上がった。これも6000円ほどで済んでしまった。

繰り返すが、店づくりでヤフオクを効率よく使うには、必要な品のリストを用意しておき、工程がそこに差し掛かる前から常に検索を繰り返し、出会いのチャンスを増やすことである。また、できるだけ安く落札するためにも多くの類似商品を見る必要がある。そして、どうしても必要な特殊なものは躊躇せず落札することだ。

その判断基準を間違えないようにするために、日頃の出品物チェックと出品相場の把握、ならびに値ごろ感を身につけておくことが大切だ。

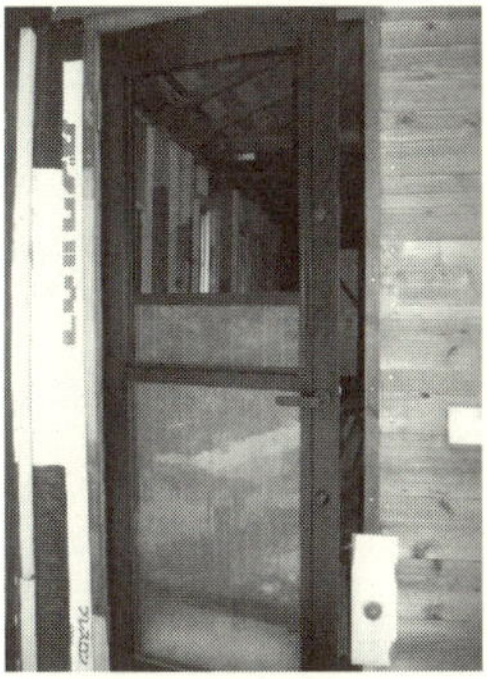
8000円で落札した勝手口用高級サッシドア

玄関は無垢の木製ドア。ジャロジー窓サッシも入手

また、建具類、特にサッシで気をつけなければいけないのは、ヤフオクにジャンク扱いで出品されている「一部の部品がない品物」である。

サッシはモデルチェンジが激しいし、メーカー間の共通部品などないので、ドアの外枠、網戸、蝶番金具などすべて専用部品となる。一部でも不足していると組み立て不可能になるものもある。旧型番などメーカーにストックのないパーツも多いから、下手に安物買いをすると丸損になる。

最初から不足部品がわかっているものは、型番を確認して、メーカー在庫の有無を確認してから入札するくらいの慎重さも必要だ。ドアの鍵や専用蝶番などもちゃんと付属していて、かつ使用可能かどうか、必ず確認したい。

断熱材、束石
結局、ごみ捨て場から拾う

一般的な建築用断熱材はグラスウールのマットで、厚さ50〜100ミリ程度のものである。これは坪500円ほどで、それほど高価なものではない。ただ、湿気の入る可能性のある場所には向かないから、そこには硬質断熱ボードなどが用いられる。こっちは施工面積や使用する品の厚さにもよるが、かなり値が張る。

まあ「かなり」とはいっても坪当たり1万円するわけではないから、1000万円単位の予算があるマトモな建築なら、微々たる費用だ。だが、今回はできる限り安く、できれば100万円程度でというのが目標であるから、新品を購入するのはあきらめざるを得なかった。

断熱材を入れる個所は、屋根の下と壁まわりである。もちろん床下にも入れたいところだが、店舗の場合、床は土足で上がるわけだから、床下からの冷えはそれほど気にする必要はない。

さて、断熱材である。数あるゴミの中から、何を断熱材にしたらいいのか？最も簡単に考えられるのは、新聞紙やダンボールをくしゃくしゃに丸めて隙間に詰め込むことである。

特に新聞紙は、丸めて詰め込むとかなりの断熱効果がある。隙間風はまず遮断してしまうし、夏の暑さにも結構強い。問題は耐久性だがこれが意外といいのだ。印刷インクのせいか、10年やそこらはなんともない。

以前、物置をつくったとき一部に試みて、その効果は検証済みである。ただ、耐火耐水性能だけはない。しかも店一軒分となるとあまりに使用面積が広く、量、手間ともに膨大な作業になるのが欠点である。

次に思いついたのは、廃棄された発泡スチロールのトロ箱の蓋である。

これは建築材の硬質断熱ボードに比べるとやわらかく、外気にさらしっぱなしだと、強度、耐久性は劣ると思われる。だが、壁の中のように直射日光の当たらない場所なら、それなりに持つのではないか。

まだ自分の建てた家では使ったことがないのでなんとも断言できないが、屋外でプランター代わりに使用している品でも結構長持ちするのだ。多分大丈夫だろうと、使ってみることにした。

断熱効果は、冷蔵用の魚介類のトロ箱として使用しているくらいだから、十分であろう。箱の蓋部分なら板状だし、間柱の間に押し込んでいくには加工も容易だ。そして、使用済みのトロ箱は、当然ゴミ、つまりタダである。

毎週買い物に行く小さなスーパーのゴミ捨て場には、廃棄されたトロ箱がいっぱい捨ててある。その中をごそごそやってサイズの大きな蓋だけ探すのは、小さな島では多少勇気がいることだ。なんせ知り合いがいっぱい来るからである。

なかには「何しているの?」なんて興味深そうに聞きに来る知人もいて「人目なんか気にしない」と思っても、やはり多少は気になるのである。かといって、トロ箱集めの理由をいちいち説明するのも大変だ。

それでもめげずに3ヶ月近く拾い続けただろうか。400枚以上のトロ箱の蓋を集めることができた。これで、必要量は何とかなった。

しかし、施工は予想以上に手間取ったのである。屋根下には、野地垂木の厚さに合わせて一重で並べ、壁の中には二重にして詰め込んでいったのだが、サイズの違うトロ箱の蓋を現場合わせでカットしながら詰めていくのは、まるでジグソーパズルを完成させるような仕事であった。

組み合わせたトロ箱の蓋は、ガムテープで仮固定しなければ落ち着かず余計な作業が増える。自分の人件費を度外視したセルフビルドだからいいものの、人を雇ったらとても使えない材料の使用法であった。

もうひとつ、ゴミ捨て場のお世話になったのは、束石である。

普通、店舗の床はコンクリート打ちっぱなし、その上を塩ビタイルなどで仕上げる、という場合が多いのだが、私の店はジャズオーディオを聴かせる店でもある。部屋全体の音響環境を考えれば、床はコンクリより木製のほうがいいに決まっているだろう。

音の反響がよくなるはずだし、見た目だってかなり違う。そのためには、普通の家のように床下をつくり、床板を張る必要があるのだ。

まず、床の下には大引という土台用の角材を回し、その上に床板を固定する床根太◆34を置

◆34 床根太：建物の床を張るために必要な下地材。大引きなどの横架材の上に固定される

いていくのだが、その大引は束石の上で床束に乗せていかねばならない。束石は一種の独立基礎である。

普通は左官屋が基礎を打つときに一緒にコンクリートでつくり、決められた場所に配置していく。だが、この束石の既製品を買うと結構な値段なのである。これもゴミでまかなわねばならないのであった。

目をつけたのは、公共工事などで出るブロック塀の破壊くずである。大体40センチ角くらいに砕かれているものだ。これはリサイクルされずに、島の粗大ごみ置き場に山積みされていた。

しかもうまいことに、使用済みのブロックには、中の空間にモルタルがいっぱい詰まっているのだ。これなら丈夫だし、横に寝かして束石代わりに使っても床の重量に耐えられそうである。

機械など重量物を置く倉庫と違い、空間の多いカフェの床にかかる重量などそんなに大したものにはならないはずである。そう考えて、この廃棄ブロックくずを軽トラック1台分ほど拾ってきた。もちろんゴミ捨て場の管理人には断った。そして、これも当然タダであった。

土台の間に縦横に水糸を張り、モルタルを練って地面に置き、このブロックくずを三尺角毎に並べてみると、束石として実にうまい具合に収まってしまった。あとはヒノキ土台の切り落としで土台束◆35をつくり大引きを載せれば、床下造作の基本工程は終わりである。

◆35 土台束：束石などの上で土台、大引きなどを支える支持材

壁の中にトロ箱の蓋をすき間なく詰め込む。
ジグゾーパズルのようで、予想以上に手間取る

基礎に使ったのはブロック塀の破壊くず

床材
運よく2×6の水被り（新古品）を入手する

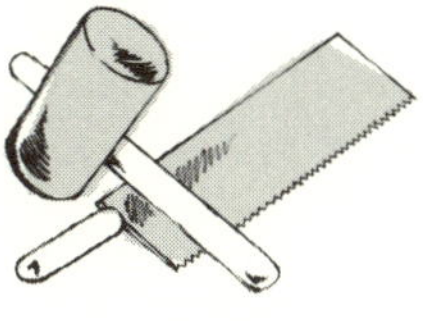

建物を建てながら次の工程の材料を何にするかを考え、かつ入手可能なゴミの中からそれを探し出していく。一般的な建築なら考えられないことを繰り返していくのが、ゴミ利用、リサイクルの家づくりなのだが、店の床材だけはなかなかうまくいかなかった。

とにかく、シックで洒落たジャズカフェの床に使う材料なのだから、できれば分厚い無垢の板材で重厚に仕上げたい。そう思って材料を検討したのだが、そんなにおあつらえ向きのゴミがあるわけがないのだった。

最初に考えていたのは、運搬用の木製パレットである。フォークリフトで荷物を積み降ろす時に必需品のパレットは、分厚い南洋材でつくられている。あれをばらして板にすれば、かなり理想に近い板が手に入るはずと、考えていたのだ。

中古パレットは、当然ゴミ扱いになり、タダに近い費用で入手できるはずである。しかもヤフオクにもかなり出品されている。だが、実際に品物を入手してみると、この計画は無理であった。

まず、パレットに使われている板のサイズが、厚さ、幅共にばらばらなのである。素材の統一規格がないのだ。分解して板にしてみた時に、幅や厚さなどすべてのサイズがばらばらというのでは、床に張るときが大変になってしまう。

しかもパレット自体が強力な釘で組み立ててあるため、その釘1本抜くのに大変な力が要る。バールで分解しようにもかなりな重労働だ。試しに1~2枚バラしてみたのだが、とても長時間続けられる作業ではなかった。これは使えない。

しかし、ヤフオクで「床材」と入れると、出てくるのは、新品の市販フローリングなどばかり。「無垢材」「杉板」など床板関係の検索を繰り返しても、それらしいものはヒットしないのである。となると、ほかに思いつく材料がないのだ。

仕方なく、またいつもの解体屋さんに行き、そんな素材がないか聞いてみたのだが、これも駄目であった。いまは、一般の住宅建設には、そんなに厚い無垢板を使う場所がないということである。

住宅で、一番厚い板を使うと思われる床板すら、いまやすべてが合板である。楢のフローリングといっても、無垢の楢板は表面に貼ってあるだけ、下地は合板という品が多いのだ。無垢のヒノキのフローリングを使う場合でも、厚さはせいぜい20ミリ程度まで。古い高級旅館や割烹でも解体しない限り、無垢の厚い床板などは大量に出てこない、という話であった。

しかし、輸入材の2×6《ツーバイシックス》◆36や2×8《ツーバイエイト》なら、結構解体材が出るという。初期の2×4《ツーバイフォー》住宅を解体する時に、ある程度は出るらしい。ツーバイ材なら厚みも4センチ程度はあるし、パイン（松）の無垢材が多い。

解体屋の古材が山積みされている倉庫の中で、ああでもない、こうでもないと、散々検討した結果、多少費用がかかっても、もう、これっきゃないと、ツーバイ材を使うことに決めたのである。

あとは、いつになるかはわからないが、同じ材料が大量に出るのを待つだけである。そ

◆36 2×6：ツーバイフォー工法の建物に用いられる材料の一種。2インチ×6インチのサイズに製材されている板

の場で「2×6の4メートル材が60本は必要だから、出たら教えて。2×8でもいい。必ず引き取る」と、解体屋さんに頼み込んだのであった。

店づくりの作業を続け1ヶ月ほど過ぎた頃、なんと、それが出たのである。その後どうなったかと思い、たいして期待しないで解体屋さんに電話すると、「2×6ありますよ。新品の水被りで、汚れているけど釘跡ない品です。床に使うのならどっちみち塗装するんだから、いいんじゃないですか?」と、返事があったのだ。

材木問屋に保存してあった2×6の新品が雨水に濡れてしまい、水跡の汚れ、変色が出てしまったらしい。こうなると、材木屋はもう新品としては売れないのであろう。そういった品物も解体屋さんには回ってくるらしい。

2×6は店内の棚や仕切りなど他の造作にも使えるので、必要量を計算し、余裕を見て長さ4メートル平均の物を合計80本引き取ることにした。

価格はバカ安ではなかったが、新品の半値以下である。しかも古釘の跡などないから、塗装をかければ新品と変わらなくなってしまう。決して「ゴミ」を利用したわけではないが、リサイクルという点では、立派な廃棄物利用ではないか、と納得したのだった。

屋根材と床下地

トタンとコンパネは新品を使う

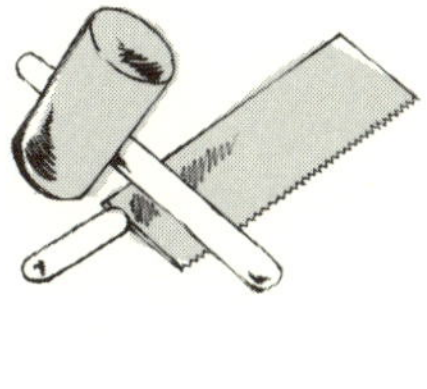

野地板を釘止めしてその上に防湿紙を張ると、屋根下地ができ上がる。あとはトタン止めの貫（杉板）を打って、トタンを止めていけばいいだけだ。

屋根づくりは途中で雨が降ると材料が濡れてしまい、再度乾燥させなければカビの元である。急いで建て込みたいので、友人の若い大工さんに応援を頼み、下職さんも含め４人がかりで一気に仕上げることにした。

この大工さんには、この他に母屋の刻みや母屋束の加工、棟上など1週間前後助けてもらった。繰り返すが、家づくりにはこういった人との普段からのつながりが大きな力を発揮する。

たとえセルフビルド、一人で建てるといった場合でも、無人島で建てているわけではない。電気、ガスなどの専門工事を加えれば完全に一人でやるわけにはいかない。まして古材、ゴミ等を使うとなれば、なおさら地域、人との関係が大切になってくる。作業するのは自分一人であっても、「孤立」していては安い家などつくれないのである。

さて、屋根材である。最初はウッドシェイク◆[37]の自作を考えたのだが、いかんせん島には太い杉の廃材などはない。あきらめて、捨てられているアルミ缶を切り開いて小さなアルミの板を作り、それを瓦状に貼っていこうとしたのだが、この案もそんなきれいな状態で捨てられているアルミ缶のないことに気がつき、ボツ。結局、一番安い屋根材であるトタンに落ち着かざるを得なかった。

屋根トタンは新品を使った。こればかりは、釘穴の開いた中古を使う気にはなれないからである。

もちろん、以前に古トタンを使ったこともある。鶏小屋を建てたときだ。知り合いの大工さんに頼んで、解体現場から出た品をもらったのである。

多少の雨漏りは気にならないし、錆びればコールタールでも塗ればいいと思っていたからだ。だが、いくら住まいではないとはいえ、お客様に来ていただく新築の建物に古トタンは使えないだろう。

しかし、旺盛な中国の鉄鋼需要に影響されてか、トタン相場は値上がり傾向である。安くあげるためには厚さの薄い品を使うしか方法がなく、100枚近いトタンを買うには、厚さを1ランク下げざるを得なかった。本来なら、0・35ミリ厚を使いたいところに、使えたのは0・27ミリ厚。なんと壁用のトタンである。

まあ、これでも早めにペンキを塗り替えてやれば、10年はもつであろう。「その頃は60歳代半ばだ。健康ならそこで張り替えてもいいし、不健康なら廃業だ」そんなことを考えながら、しぶしぶ納得したのであった。

同じことは、床の下張りに使うコンパネにもいえた。新品のコンパネが現金問屋で1枚780円くらいで買えるのに、中古の程度のいい品が1枚500円である。これくらいの差額では、あえて中古を使う意味がなくなってしまう。

中古品は、あくまで出所不明なのだし、どのような環境で使用されてきたのかがわから

◆37 ウッドシェイク：太い木材を柾目方向に割った板。仕上げ材に使われる

ないのだ。合板など、過去の使用環境で大きく耐久度に差が出てくるのだから、新品の半値以下にならなければ使う意味がない。

また、店の床なのだし、厚い2×6材を使うのだから下張りなどいらないと思いがちだが、実際はそうではない。無垢材はやがて乾燥して隙間ができてくる。隙間風だけならいいが、島にはムカデやゲジゲジ、ゴキブリなどという、隙間から進入してくる厄介者も多いのだ。洒落たジャズカフェの床にムカデが這っていたら？　若い女性のお客さんなんか悲鳴をあげて、二度と来てくれないだろう。厄介者防止、そのためには床下の隙間を完全に埋めておく必要があるのだった。そして、頼みのヤフオクには、中古のコンパネなどまず出てこないのだ。

毎日「コンパネ」で検索をかけると数十ページもヒットはするが、ほとんどはエア「コンパネ」ルなど、別商品名の一部が検索されて引っかかるのである。「合板」で検索すれば、たまに、業務用としてまとまった出品がヒットするが、ほとんどの場合そんなに安くはない。そして、こういった大型商品は送料が高いのも難点である。やむを得ないので新品コンパネを都内の安い現金問屋さんから買わざるを得なかった。専門業者だけあって材木問屋は運賃も安いのである。

床下地に使う合板は、簡単には張替えが利かない。しかも床下からの強い湿気にさらされることになる。かなりの悪条件の元で長持ちさせる必要がある。そのためには塗装が不可欠である。

もともと合板は塗ってナンボ、といわれるくらい塗装が耐久性に影響する。床下なぞ人目に触れる場所ではないのだからペンキの色は何でもかまわない。ガロン缶単位で安く処分されているペンキを入手し、コンプレッサーを使い全体にしっかりと吹きつけて十分に乾燥させるのである。

幸いなことにペンキは使用期限があるし、必要量の見積もりが厳密にできる材料ではないから、工事現場では必ずといっていいほど半端が出る。そんな処分品がヤフオクにも多数出品されていて安い。色がそろわない半端なら、半値以下で手に入ることもある。

エアーコンプレッサーも中国製の新品が多数出品されているし安い。国産の中古品が出品されていれば、これまたお買い得品が多くある。刷毛やローラーでペンキを塗るのとは、作業スピードや肉体的な疲れ方に大きな違いが出るので、店一軒建てるには1台欲しい必

落札したエアーコンプレッサー、低圧ホース、塗装用ガンなど

需品だ。

厳密にいえば、安い輸入品はシリンダー周りの精密工作精度や材質などが価格相応で耐久性の問題などが出てくるのだろうが、業務用に毎日使うわけではないし、店一軒分持てばよいと割り切ったほうが低コストになると思う。

同じく塗装用のエアー用ホース、エアーガン等もヤフオクに出品されている。ただし、エアー用ホースは経年変化で割れが出てくるし、中古のガンなどには洗浄不十分で詰まりのあるものもあるから、できれば新品を落札したい。

外壁材

適当なゴミがなく、杉板の新品に落ち着く

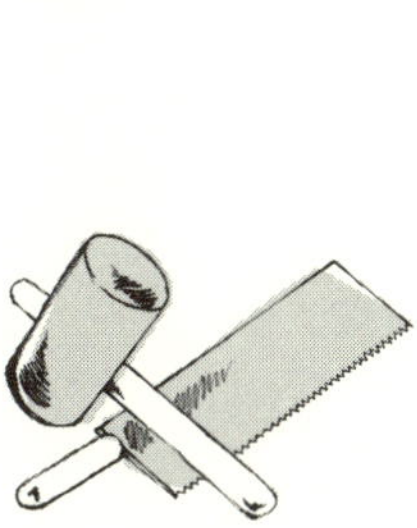

柱が立ち、屋根が乗れば、外回りの工事で最大のものは外壁造りである。まず下地として壁用の防水紙で家の外壁部分全体を覆ってしまう。ガンタッカーというホッチキスを大型にしたような工具で防水紙を柱にしっかりと止めていく作業だ。こうすれば、壁材の隙間からしみ込む雨水を防ぐことができるのだ。地味だが、建物を守るためには重要な工程である。

この防水紙もヤフオクで落札した。もちろん中古はあり得ないから新品である。

さて、いよいよ外壁である。外壁こそ、その建物の雰囲気を決めるのだ。島特有の椿並木の脇にあるカフェなのだから、ここはどうしてもウッディな材料を使いたいのであった。参考にしている黒板五郎氏の家には、拾ってきた廃材や合板が使われているが、島には

外壁に使えるような手頃な板の廃材などないのだった。もちろん合板の寄せ集めにはしたくない。この辺のところ、どこで妥協するかが難しいところだ。

まあ、ゴミでつくったことを「ウリ」にする店ではないのだし、あまりにみすぼらしい外観にはしたくない。仕方がないので、新品の杉板を購入した。やはりいつもお世話になっている内地の現金問屋さんからである。坪3500円程度だし、20坪分もあれば間に合うのだから、それほど大きな金額にはならない。

張ってみると、作業効率のよさという点ではさすがに新品である。幅や長さが揃っている材料なのだから、作業はどんどん進行して、10日もたたないうちに外壁は完成した。

杉やヒノキの板や垂木などは、各地の材木屋がヤフオクに出品している。値段も安い物もあるし、比較的落札も容易だ。難点は送料で、木材は「かさ」があるため、一般運送会社の混載便を利用すると遠距離ではかなり高くつく。

近場に安いホームセンターや材木現金問屋があれば、トータルコストでオークション利用より安く手に入る場合も多い。近くの森林組合や製材所などが小売していれば、さらに安い。

4章

オークション依存度高まる

店づくりの実際II　建物本体から内装へ

ヤフオクの本領発揮
安さ、機能、センスを充たすモノを探す

基礎をつくって土台を乗せ、柱を立てたら梁や母屋を乗せ、屋根を張り、サッシをつけて外壁を打つ。店づくりの基本工程自体は、実際の作業はともかく、そんなに複雑なものではない。

わが店の場合、ゴミや中古品の材料が多いため、多少工程が前後しているが、基本的には同じことである。複雑になってくるのは、店の本体そのものよりも内装になってからだ。どのような店になるかは内装で決まるといってもいいだろう。外壁はコンクリート打ちっぱなしだが、内部は純和風なんてこともできるのだ。

この店は、「洒落たジャズカフェ」にするわけだし、内装は凝ればそれだけお金がかかる。しかし、予算は限りなく少ないわけだから、知恵をさらに絞らなければ工事は進行しない

のであった。

次々と必要になる品物を調達するために、ヤフオクへの依存度はますます高まったのである。

ところで、新しくお店をはじめる場合、更地に店の建物そのものからつくりはじめるということはあまりないと思う。多くの場合、特に都市部においては既存の空き店舗や民家を借りて、その内装だけ自分のイメージに合わせて（店舗用に）改装するというのが現実的であろう。

うちの場合はたまたま道路に面した土地があり、周囲に適当な建物がない離島の片隅だったので、自分で建てはじめたのである。

しかし、建築にかかってみると、建物の躯体部分に使う材料でオークション調達できるものはそれほど多くないことがわかった。構造材、屋根材、基礎素材などは、ヤフオクに出品されていたとしても品数は多くはない。また、商品の性質上それらのほとんどは新品で、出品価格もたいして安くはならない。

反面、店舗の内装用に必要とされる細々した品物になると、さまざまな商品が新品、中古と多数出品されてくる。価格も一般小売価格に比べかなり安くなる。

電気、水道、その他の室内工事関連用品、厨房用品や家具、調度備品、開店準備関係など、内装関連でオークション調達できるものは数知れない。当然、中古品や半端物の中には激安商品もある、というわけだ。

その点から見ると、まさに内装関連工事でこそヤフオクの利用価値は大きいといえる。

数百万点といわれるヤフオク出品商品の中から、自分が描いた店のイメージを実現するための商品を探していくのは手間がかかり大変な作業だが、店づくりの楽しさを実感できる時でもある。

電気工事
合法的に安くできる範囲をめざす

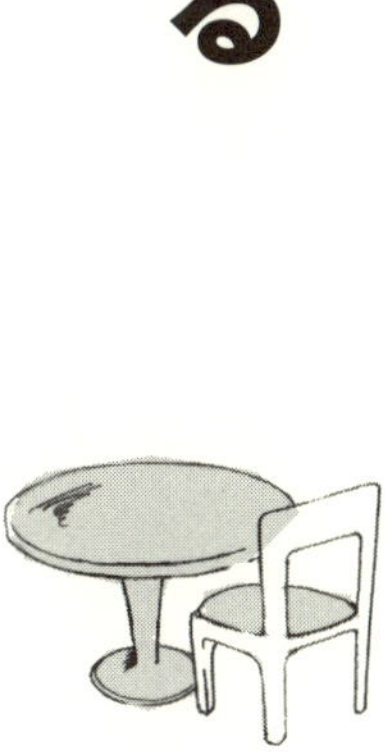

建物の内装で最初に取り掛かったのは電気の配線工事である。オーディオが中心的存在になる予定のこの店には、アンプ専用の200ボルトコンセントなど、機材関係だけでかなりの配線が必要になる。厨房にも、冷蔵庫、換気扇、レンジ、コーヒーメーカー、ミキサー、炊飯器用など相当数のコンセントが必要だ。

配線はすべて床下に入れるから、床板を張る前に完全に済ませておく必要があった。だから最初に取り掛かったのである。

だが、この電気工事には資格が必要で、自分で勝手にはできないのだ。しかも、工事費の安い業者を見つけにくい。なぜなら電気工事業者には、メーカー系列外の「量販店」のように工事の安さを売りにしている業者がない。そしてその工事費用のほとんどが人件費で成り立っているからである。

一般的な小住宅の電気工事に必要な材料費なんて、エアコンや照明器具などの諸設備を除けば、配線ケーブル、各種コンセント、配電盤など、家一軒分でも微々たる額なのである。電気工事費の大部分は作業料金という名目の人件費、つまり電気屋さんの儲けであり、施主にとってはコスト削減の工夫範囲が少ないということだ。

反面、もし電気工事業の資格を持つ人の協力があれば、限りなく少ない予算でできてしまう工事でもある。今回は、まさにその例であった。以前、何回か工事をお願いした地元の電気屋さんに「ゴミで店をつくる」理由を話して、安くやってもらうことができたのだ。材料の手配や、配線図に従ってケーブルを取り付けていく基礎工程は全部自分でやり、ケーブル結線、配電盤周りなどの専門工事や配線のチェックは、資格を持つ彼にやってもらったのである。要するに自分で下職を引き受けてその人件費分を浮かせたのだ。

電気工事のミスは漏電の原因となり即火災に結びつくから、知識のない素人の手出しは禁物だし、そもそも専門業者以外の素人工事では電力会社が電気を供給してくれないのである。

電気工事関係、ヤフオクで入手したもの

□ 配線ケーブル（屋内用のＶＶＦケーブル）1.6ミリ、２ミリ、各100メートル（新品）：専門業者から多数出品されている。秋葉原価格より安く、半端物は特に安い。

□ コンセント（屋内用、屋外用コンセント各必要量）（新品）：半端物が安く100円程度からある。

□ 配線保護用の被覆管30メートル（新品）：配線を通すプラスチック製の管。

□ 屋内用配電盤、16回路（中古）：多数ではないが出品されている。新品価格が高いため、中古はお買い得感がある。回路数が多い物は、出品数も少なくなり落札価格は高くなる。

□ 換気扇、３台（新品）：旧型番などがお買い得。出品は多く、いつでも手に入る。500～1000円くらいからある。

□ 屋外用蛍光灯（中古）：店の入り口周りの照明用。夕方暗くなると自動的にスイッチが入るタイプ。

その他、ブレーカーなどの資材は電気屋さんが持ち込んだ。

ガス、水道工事
シンク、浄化槽、便器などをヤフオクで入手する

電気工事と並行して進めるのは、ガスと水道工事である。厨房、トイレなどの配管を床板貼りの前に埋め込んでおかねばならないからだ。ガスはプロパンだからいいが、公設水道本管への接続は専門業者でなければできないのは電気工事と同じである。

ただ、電気配線と違い、水道配管は工事ミスがあったとしても即火災に結びつくことはない。漏水が続けば、その部分の建物が腐るか、水道代が高くなるだけである。配管工事自体も専用の接着剤と鋸があれば、後は規格の塩ビ管や水栓金具などをつないでとめていくだけだ。小さな家の屋内配管などたいした距離ではないから、自分でやろうと思えば可能である。

最後の埋設本管との接続工事だけをお願いする手もあるのだが、今回はいつもお世話に

床板を貼る前に電気の配線、水道の配管を埋め込む

なっている知り合いの地元水道業者さんに頼んで、浄化槽、便器、洗面台などは現物支給で、埋設、施工工事のみをお願いした。コストを下げ、仕上がりを確実なものにするためである。

「業者さんにとって都合のよい時」という条件はつくが、こういった儲からない工事をなんとかお願いできてしまうのも、地方、特に島独特の優しい地域の人間関係があるからだ。まさに人夫賃（日当）だけで工事をしていただいた業者さんには、ひたすら感謝するのみであった。

が必要。便器だけなら3000円程度でも入手可能だ。

□ 便器用水タンク（新品）：便器と同じで、何らかの理由でセット崩れになった品の中には100円程度で出品されているものもある。便器と組める品でないと使えないので要注意。送料は1000円以上かかるから、たとえ安くても出品地に気をつける。

□ 便器配管金具（新品）：新品のセット崩れが多いが、型番が合わないと使えない。出品価格は安いので、合うものを根気強く探す。

□ トイレットペーパーホルダー（新品）：有名メーカー品を含め、いろんな種類が出品されている。安い。

□ 洗面化粧台（中古）：新品が中心だが、中古もある。新品一体型のセット崩れで洗面台だけ出品されている品を狙うのがコツ。棚は自作すればよい。安い。

□ トイレ用姿見鏡、化粧鏡、各1枚（中古）：トイレ、特に鏡はお店のポイントになるものなので、品質にこだわった。九州の大型ホテルで使われていた高級品が出品されていたのを入手。姿見と揃いの品で、デザイン的に板壁のトイレによくマッチさせることができた。

□ トイレ用床ビニタイル（新品）：トイレの床はタイルではないため、防水用のクッションフロアを落札、施工した。重歩行（土足）用である。タイル仕上げに比べれば傷みが早く定期的な貼替えも必要だが、その分施工は簡単である。色や柄の自由度も大きい。

厨房、トイレ工事関係、ヤフオクで入手したもの

□ 瞬間ガス湯沸かし器（中古）：屋内用、屋外用、都市ガス用、ＬＰガス用など多数出品されている。構造上、あまり古いものは避けたい。使用できるガスの種類をよく確認する。

□ 業務用２槽シンク 135 センチ（中古）：業務用のステンレスシンク類は、古物業者が多数出品している。錆の多いものもあるので、写真でよく確認する。送料が高いので出品地などに注意が必要だ。

□ 業務用調理台 180 センチ（中古）：同じく調理台も各種サイズあり、なかには特注品などの出品もある。

□ 業務用ガスコンロ三口（中古）：ガスコンロも中古の出品が多い。錆の強い品は避けたい。サイズや適合するガスの種類に注意する。

□ 指定メーカーの合併浄化槽（新品）：専門業者が出品している。お買い得は注文キャンセルや、小傷の修理品。ただし建築場所の自治体認定品でないと、補助金が受けられないなど問題が生じる場合もあるので、よく確認すること。

□ 浄化槽用ブロアー（中古）：浄化槽の機種と大きさに適合した品であるか、注意する。中古品の中には最新型の浄化槽には使えない型もある。

□ 水洗便器、単品（新品）：便器はセットで販売されているものが多く、オークションでもセット出品が多いが、お買い得は単品で売られているものである。ただし、型番が揃わない、メーカー違いなどでは、組めないものもあるので、注意

床工事

インパクトドライバーと木ネジでスピードアップ

床下の造作がすべて終わるといよいよ床板貼りである。床板工事の前に、床下を箒でよく掃除し、木材の破片などを残さないようにする。シロアリ防止のためだ。これで床さえできてしまえば、あとは室内造作だけである。作業に一段とスピードが乗ってくるのだった。

下地となるコンパネに安いペンキを塗装し、十分乾燥させて貼り込んでゆく。使う工具は、インパクトドライバー[38]と、コーススレッド[39]と呼ばれる木ネジ、45ミリである。コンパネを根太垂木に合わせ市松模様を描くように貼り込んでゆくのだ。

床全面が貼り終わったら、柱周りや壁との接合部などに残った細い隙間をシリコンで埋めていく。ゴキブリやムカデが入り込まないための処理である。素人工事だから隙間が多いのは仕方がないのだ。コーキングガン[40]を使い、手を抜かないで作業しなければならない。

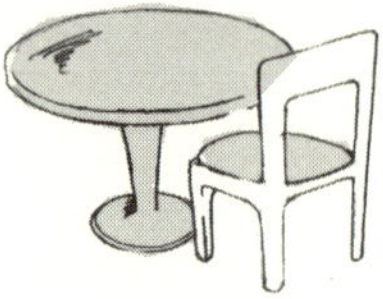

下貼りが終わるとその上に新古品の2×6を仕上げ材として貼っていく。スライド丸鋸◆41を使い必要なサイズを切り出したら、これも65ミリの木ネジで止めていく。合板と違い多少反っている物もあるので苦労するが、片方を仮止めして隙間がないように打ちつけていくのだ。

作業に使うインパクトドライバーの威力はすごいものだ。疲れが少ないから仕事はどんどん進行する。店内の床板は、作業開始後1週間程度で貼り終わってしまった。1人でも慣れればこの程度の時間でできるのである。

すべてを貼り終えたら塗装にかかる。この先、さまざまな備品などが持ち込まれたら床の塗装はできなくなるからだ。床の色はダークオーク、こげ茶色である。室内用の木材着色料で一気に塗っていく。これも楽しい作業である。

◆38 インパクトドライバー：一定以上の負荷がかかると、負荷方向に打撃を加え強力にビスを打ち込んでいく電動工具
◆39 コーススレッド：目の粗いねじ山を持つビス。建築現場で一般的に使われる
◆40 コーキングガン：コーキング材（隙間などを埋める材料）を押し出すための工具
◆41 スライド丸鋸：材料を置く台と丸鋸が連結された電動工具。丸鋸を水平移動させることで材料を切断する

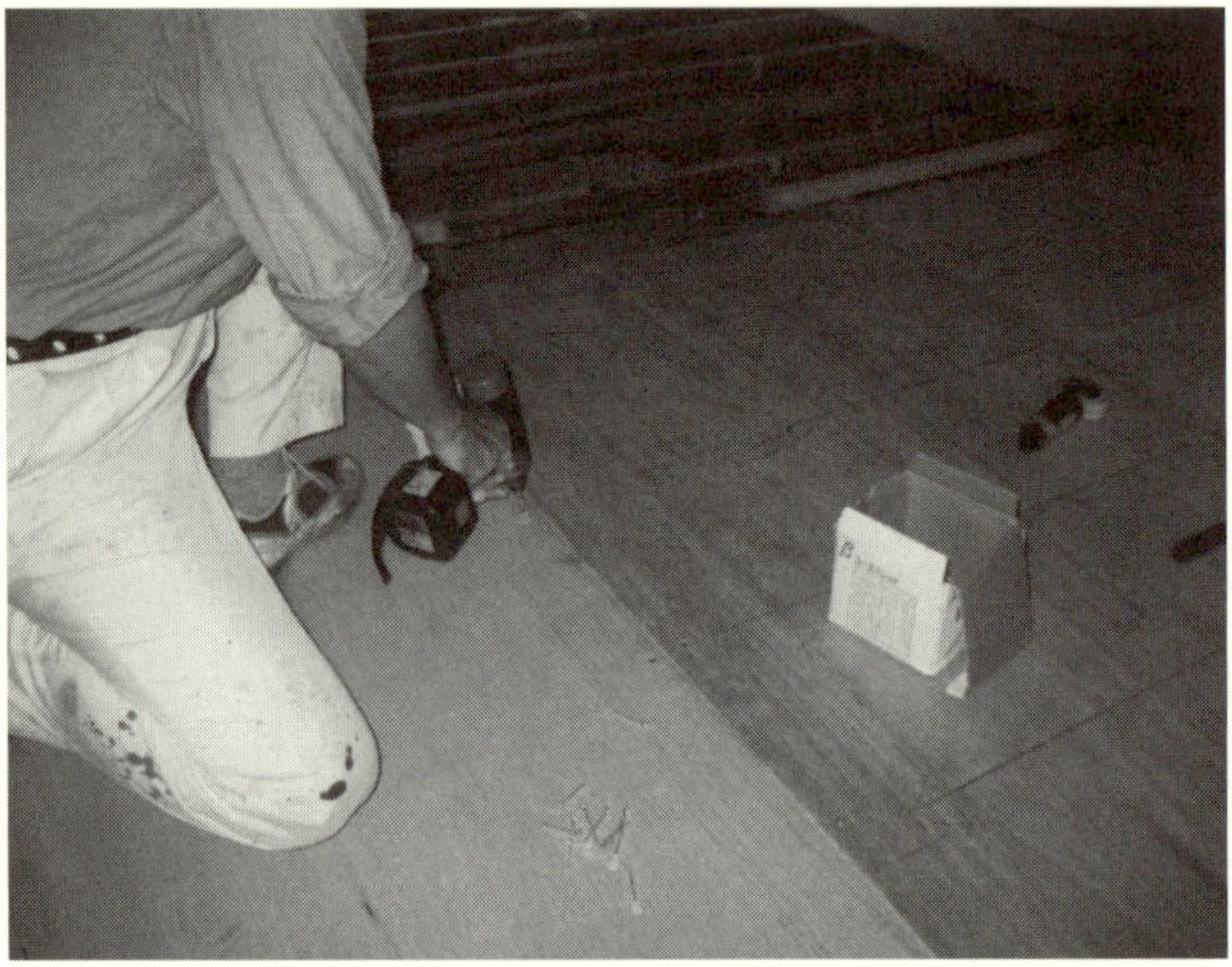

インパクトドライバーで下地のコンパネを貼り込む

それまで白木だった2×6の床板がこげ茶色になっていくと、室内の雰囲気はぐっと落ち着いてきてジャズカフェのそれらしくなってくるのであった。白木のときは目立っていた2×6材の冠水汚れは、着色するとまったく気にならなくなってしまった。新品を使用したのとなんら変わらない、素晴らしい仕上がりとなった。

着色料は専門業者が出品しているものを落札、これは「中古」はあり得ないから新品である。

床工事関係、ヤフオクで入手したもの

□ インパクトドライバー（新品）：業者の出品が多い。中古もあるが、消耗品的工具なので、あまりお勧めしない。カタログを見て、プロユースに耐えられる品を選ぶこと。国産有名メーカー品ならまず安心だ。最近は中国製もあり、価格だけならかなり安い。交換用のバッテリーは必需品。

□ コーススレッド、スレンダースレッド（新品）：木ネジである。500本、1000本単位の箱で売られている。倒産業者の処分品などは安い。

□ スライド丸鋸（中古）：作業台に固定された丸鋸。切断角度を固定できるので、同じ材料をたくさん切り出す時には重宝する必需品だ。中古の出品は建築関係の業者が多いから、かなり使い込まれているものもある。型番から年式を割り出し、新しくきれいなものを根気よく探さないと「安物買い」に終わる危険がある。

□ スライド丸鋸用チップソー（新品）：替刃である。取り付ける丸鋸のサイズを確かめてから落札すること。

□ 室内用木材着色料、14キロ（新品）：室内用であることを確認する。防腐剤の入った屋外用は店内用には使用不可。

（新品）：これも多数出ている。ホース類、特に安い低圧ホースは消耗品なので新品を選びたい。

□ 建築資材（新品）：セメント、漆喰、ルーフィング、ペンキ、防腐剤など。これらはその性質上、中古品というわけにはいかない。ほとんどは材料販売店からの出品で、ホームセンター並か、それ以下の価格である。たまに、工事業者が使い残しの半端物を出品したものがあるが、それらは市価の半値以下の捨て値になったりする。

□ その他、あると便利な品：攪拌用ミキサーの先端（新品）。漆喰を練る時、あまりの硬さに悲鳴を上げるのではないだろうか？　こんな時に、電動ドリルの先に取り付けるミキサーの先端があると助かる。ステンレス製で船のスクリューの軸を長くしたような物である。だが、これを探すとなかなか売ってないのだ。ヤフオクには、こんなものも出てくるのである。1000円で入手できた。

その他、工事関係でヤフオクを使って入手したもの

□ 電動工具（新品、中古）：丸鋸、電気カンナ、サンダー、ドリル、ジグソー、電気チェンソーなど。これらはみな多数出品されている。電動工具はそう壊れる品ではないので、程度のよい品なら中古でも使えるであろう。

□ 大工道具（中古）：げんのう、のこぎり、のみ、バール、ドライバー、各種レンチ、金鏝《かなごて》、曲尺《かねじゃく》など。これらの出品も多い。廃業した工務店などから出た投げ物には、19点で2000円なんてのもある。プロユースに耐える工具類の新品価格はそれなりに高い。業者の投げ物には品質が確かなものが多いし、電動工具と違い狂いの出るものも少ないからお買い得である。

□ コンクリートミキサー（新品）：中国製の電動小型ミキサー、一輪車１～２杯分くらいの生コンを捏ねることができ重宝する。３万円程度。国産はたしかに品質はよいが、倍以上の値段になる。店一軒つくるだけと割り切るなら、安い中国製、または中古で十分だ。100ボルト用を確認。

□ エアーコンプレッサー（新品）：中国製の安いものが多数出品されている。二～三馬力、25～40リットルタンクのものなら十分使える。釘打機などのエアー工具を使用しないで塗装用に使うだけなら馬力にそう神経質になる必要はないと思う。

□ コンプレッサー用低圧エアーホース、塗装用ガンなど

壁工事から天井工事へ

内装の最終段階へ向かう

床が貼り終わったら、次は壁工事である。店内は大部分を漆喰の白壁で仕上げる予定。もちろん、素人でもできるように表面は荒らし（でこぼこを残して仕上げる）のままだ。下地はラスボード[42]だが、オークションにはまず出てこないし、新品も1枚３００円程度の安いものだから、現金問屋から新品を購入。ボードの繋ぎ目を埋める下地補修テープはヤフオクに出品されていた。ネット状のテープでボードとボードの繋ぎ目にかぶせるように留めていく。漆喰下地のボードを一体化させる大切な工程である。

それが終わると、腰壁部分までのラスボードを黒の水性ペンキで塗装し、その上に園芸用のラティス[43]を同じく黒塗装して仕上げとする。床から三尺（90センチ）程度のところに見切りの垂木を打ちつけ、それから上の壁はボードの上に漆喰を塗っていくのだ。

まず周辺に目張りテープを貼り、漆喰のはみ出しを防止する。室内の妻側◆44は、漆喰の部分が天井近くまであるから、足場を架け1日がかりの作業になる。

次に、下塗り用の漆喰に藁くずなどの繊維質、水を加えてポリバケツで練り、1日置いて熟成させる。そして、金鏝《かなごて》でボードに押し付けるように塗り広げていくのである。

この漆喰塗りの作業は、最初は要領がわからず戸惑うが、多少慣れて鏝《こて》が自由に使えるようになってくると壁に絵を描き上げるような感じで実に楽しい作業であった。

ヤフオクで手に入れた安い漆喰の半端ものは、下塗り用が3袋、仕上げ用は1袋と少なかったので、下塗りを数回行ない厚みを出して、仕上げ塗りは1回だけで終了した。

この辺の裁量もセルフビルドの気楽さで、「商品」ではなくあくまで自分が使うための建物をつくっているわけだから、手に入った材料で工夫しながら建てていけばいい。漆喰の塗り方だって、別に建築の教科書どおりでなくてもかまわないのである。

◆42 ラスボード：塗り壁の下地として用いられる穴がたくさん開いた石膏ボード。穴の部分に漆喰などの材料が食い込み接着しやすくなる

◆43 ラティス：園芸などに使われる格子垣根。住宅のエクステリアなどによく使われる

◆44 妻側：勾配屋根のかけられた建築物の棟に、直角方向に平行材がかけられた両側面のこと。妻ともいう

天井工事

仕上げ材料は、鶏卵の運搬用トレー。100％ゴミ利用

白い漆喰壁が塗りあがると、ますますカフェの内装らしくなってきた。そして、内装の最後は、天井の内装工事である。

天井といっても、一般的な天井裏のあるそれではない。屋根下地はヒノキの野地板で張ってあり、垂木はこげ茶色に仕上げ塗装してある。あとは野地板の部分だけに化粧を施せばよいのだ。つまり屋根の勾配に沿って天井内装材を貼り付けていくという、吹き抜けのような天井裏のない設計である。

こうすることによって店内空間を大きくできる。まあ極小サイズの音楽ホールをつくるような考え方だ。

営業時の冷暖房など空調費用が高くなるといった欠点はあるのだが、目いっぱい広げられた室内空間は、ゆったりとした居心地とよい音響効果に結びつくはずである。

天井に貼る内装材は、最初から鶏卵用のトレーを使うことに決めていた。これは黒板五郎氏のアイデアをいただいたのだ。

ドラマでつくられた「拾ってきた家」には、無塗装で使われていたが、わが店では黒く塗装して、店内の色調的統一感を出した。白い漆喰壁にこげ茶色の太い梁、そして黒の天井。こうなれば、あとは暖色系の照明を入れて、それで決まりである。かなり落ち着いた感じの店内になるはずだ。

この鶏卵用トレー、拾ってくれば「ゴミ」だから、タダである。だが、その形状を考えると、まさに「オーディオルームの天井用素材につくられました」といってもいいくらいの品物だ。以前、プロ用録音スタジオの吸音材にも、同じような形のものが使われているのを見たことがある。

もちろん素材こそ違うが、結果として得られる音響効果に悪いわけがないだろう。そのうえ実際に貼ってみると、視覚的にも実に収まりがよいのであった。

幸いわが家は養鶏をやっていたこともあって、物置にはこの手のトレーがかなりの枚数残っていた。100枚以上はあるであろう。あとは足りない分をゴミから調達すればいいわけだ。そう考えていたのだが、不足分の入手には意外と苦労した。

まず、島のスーパーではそんなに多量の卵が売れるわけではないから、毎日2~3枚しかゴミに出ない。必要量は天井部分全部で400~500枚なのだから、月に60枚くらいのゴミを待っていてはらちが明かないのだ。この辺が内地と違うところで、東京周辺の大型スーパーなら、1日50枚くらいはゴミに出るのではないか。

仕方がないので、知人に養鶏家を紹介してもらい、不要になったトレーを譲ってもらうことができて、やっと必要枚数が確保できた。それをコンプレッサーを使って水性塗料で黒色に塗装していく。

卵形にでこぼこした素材だから、前後左右から満遍なく塗料を吹きつけねばならず、塗りあがったらすぐ自然乾燥しないと重ねられない。天気がよく風が弱い日を選んで一日中エアーガンを振る日が続く。結構な作業量であった。

これを天井の野地板に固定するのに、10ミリの黒ビスを使うのだが、1枚につき7箇所止としても100枚で700個、400枚では約3000個のビスが必要だ。

これはヤフオクでは無理なので、内地のビス専門の卸問屋から購入した。1箱1000

入手に苦労した鶏卵用トレー。ゴミのリサイクルとは思えぬ収まりのよさ

個入りの卸価格だと1個あたりの単価は1円強程度で収まってしまう。家の材料というのは、つくづく安いと実感するときである。

あとは黒く塗った鶏卵トレーを、天井の傾斜に沿って電動ドライバーで留めていく作業が続く。毎日毎日、九尺の脚立の上に乗り上を向いてのきつい作業が続くのだ。だが、これが終われば内装が完成すると思うと、疲れなど気にならない。

かくて、10日ほどで真っ黒な天井ができあがったのである。黒色塗装だから結果的に細かなミスや形状のずれはほとんど気にならない仕上がりになった。素人工事では、細かなミスが目立たないような色や素材を選ぶのも、仕上がりの見た目をよくする大切なポイントだと思うのである。

壁工事関係、ヤフオクで入手したもの

□ 漆喰下塗り用、半端もの（新品）：工事現場の残り物と思われる半端もの。

□ 漆喰仕上げ塗用、半端もの（新品）：同じく工事現場の残り物と思われる半端もの。新品の半値以下であった。

□ 金鏝、（中古）：プロが使っていたらしく、使い込まれてはいるが品質のよい高級品。４本一組で出品されていた。同程度の品、新品１本の値段以下だった。

□ 目張りテープ、（新品）：一箱の半分。使い残しの半端ものみたいで、安かった。

□ 石膏ボード補修用テープ、（新品）：半端ものみたいだった。

□ 水性黒ペンキ、14 キロ（新品）：在庫整理の出品だった。

天井工事関係、ヤフオクで入手したもの

□ 水性黒ペンキ 14 キロ缶（新品）：これも半端もの。倉庫内の保管が悪く缶の角が潰れていた品。もちろん中身は正常品である。落札価格はホームセンターの半値以下だった。

店内造作工事

本体工事はほぼ終了。いよいよ店内造作

床を貼り壁を塗り天井ができると、建物そのものの内装工事はほぼ終わったといっていい。あとは、店内の仕切りやカウンターの取り付け、棚やテーブル、厨房などの細かな造作工事になっていく。細かな設計図などはないわけだから、手持ちの材料で工夫しながらつくっていくのである。

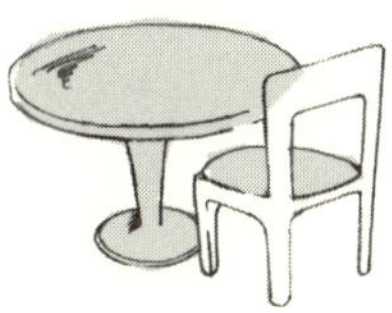

厨房と店内を区切る仕切り壁は、ＬＰレコードの収納棚を兼ねたものにすることにした。店内側にＬＰが並び、背面はキッチンの壁になるわけだ。

棚の材料は床材の残りの２×６と、厨房側の壁は防火防水を考えてケイカル板を貼り、白ペンキで塗装して仕上げた。

カフェ（飲食店）である以上、開業するためには保健所の営業許可を取らねばならない。

そのためには事前に保健所提出用の平面図をつくり、内装素材はもとより、手洗いの位置や流しのサイズ、トイレとの位置関係、出入り口のドアなど、保健所の担当者ときちんと打ち合わせをして、許可が取れるようにしておかなければならないのだ。

ここはレイアウト自由な個人住宅とは大きく違うところだ。後になって手洗いを追加しようとしても配管の関係で無理、なんてことにならないようにしないと、お役所の許可が下りないのである。もちろん許可は取れた。

さて、厨房、トイレと場所が狭くなるにつれ、工事の内容は細かくなり手間がかかるようになる。たとえば店内は屋根傾斜に沿った天井仕上げ、つまり吹き抜けで済むが、トイレや厨房にはきちんとした密閉型の天井が必要なのだ。

いくら店舗とはいえ、トイレの天井部分が吹き抜けでは、落ち着いて使えないであろう。厨房だって防虫や衛生面、埃などを考えると吹き抜けにはできない。結局トイレ、厨房部分には一般的な天井をつくらざるを得なかった。

天井下地を垂木で組み、ジプトーンという坪1000円程度の安価な天井材をビス止めしていく。そしてその裏、つまり天井裏にはコンパネで床を貼り、屋根裏部屋みたいな仕上げにしたのである。実際には物置、収納として使用することになった。

結局、なんだかんだで、たかが1坪程度のトイレ、2坪弱の厨房工事に1ヶ月近くもかかってしまった。しかし、内部造作が終われば、あとは洗面台、便器、流し、ガス台などの器具取り付け、配管へと進むことができるのだ。

トイレの内装は素材を生かしてシンプルに。
天井はジプトーン仕上げ

カウンターとオーディオ機器置き場

曲がった梁材を利用して落ち着きのある物に

LP棚の前には、接客カウンターをつくる予定であった。2～3人が座れる長さ180センチほどの小さなカウンターである。そして、その下には、アンプやトランスなどオーディオ機器を納めるのだ。

だが、下手に白木の一枚板など使用すると、まるで寿司屋のそれに近い雰囲気になってしまう。かといって合板は使いたくないし、自然板の市販品は高くて手が出ない。

どうしようかと思案しながら他の造作工事をしていた時、たまたま来ていた知り合いが「これで、カウンターつくりなよ」と、使い残していた梁を指していったのである。

その梁は、軀体に使った築160年の廃材の残りなのだ。L字型に曲がっていたので構造材としてはいままで使う場所がなく、そのうち処分しようと店の中に転がしておいたのである。カウンターに使うなどとは、まったく考えてもいなかった。

しかし、である。いわれてみればまさにカウンター向きの絶妙な曲がり具合ではないか。太さ22～23センチ、長さ2メートル、重さ60キロ程度。その曲がり具合からして、農家の玄関屋根を支える一部にでも使われていた梁なのだろう。この程度の材料なら、細かな造作もできそうである。

そう思って、早速表面を平らに削り、三寸五分の角材で2ヶ所に足をつくった。立ち上げて片方を近くの柱にボルトで固定してみると、なんと、立派なカウンターの骨ができ上がってしまったではないか。あとは、この「骨」に取り付けるカウンター本体の材料、幅40センチ程度の一枚板を探せばいいのである。

幸い手持ちの材料の中に長さ一間（1・8メートル）ほどの適当な板があった。いつもの解体屋から手に入れておいた床の間の床板である。

民家の床の間を解体した時に出た品物であろう。もちろん無垢の板である。素材はケヤキ。仕上げ材としては、まあ高級品だろう。厚さが20ミリ程度と多少薄いのが欠点だが、解体材にしては大きな傷もない美品である。

骨材に当てはめてみると、長さが多少足りないがなんとか使える。硬く曲がった梁の骨材に20ミリ幅のほぞを切り、板をはめ込んで足をつけ、全体が一体化したカウンターに仕上げる。なんと1週間以上かかる大変な作業になってしまった。

カウンター本体ができたところで、その下にオーディオ機材置きの棚をつくる。レコードプレーヤーや各種のアンプを置く台である。

メインのアルテックを駆動するモノラルのパワーアンプの重量は1台27キロ、ステレオ用に2台置くと50キロ以上の重さだ。その他にプリアンプやCDプレーヤー、トランスなども乗せなければならない。合計80キロ程度の重量に耐えなければいけないのだ。

ただ、客席側からは見えないので外観は気にしなくてもいい。頑丈なつくりであればいいので、床に使った2×6の残りを利用してがっちりと組み上げた。

カウンター下になる機材置き場の扉には、古い民家から出たと思われる小型の引き戸を落札。蝶番《ちょうつがい》で取り付け、客席側から開閉できるドアのようなつくりにした。

アンプなどの裏側は各種のケーブルがくもの巣のようになり、表側からでは管理が大変なのはオーディオマニアならみな知っていることだ。裏側を開けて直接ケーブルを抜き差

築160年の民家の廃材をカウンターに利用。カウンターにうってつけの曲がり具合だ

しすることができるのは、実に便利なのである。

ヤフオクには、この手の古い引き戸なども古物商から多数出品されている。価格は安く、そう競り合うこともない。私が落とした品は1枚2000円程度。わが店だけでなく和風の喫茶店などでも店内の雰囲気をつくるうえで重宝すると思う。

かくして古梁利用のカウンターができあがったのである。

お客用メインテーブルと椅子
ヤフオクで大ヒット！超珍品をゲットする

店内の形ができてくると、メインテーブルをどうするかという問題が出てきた。都内の繁華街にある収客数優先のカフェと違い、はなから趣味の店づくりである。ゴミや廃材利用の店とはいえ、それなりの工夫がなければ面白くない。スピーカー前に置くメインテーブルは店内レイアウトのポイントになるものだから、それなりに凝りたかった。

考えていたのは、グランドピアノの天板である。以前、青山あたりの洒落たバーが雑誌で紹介されていて、その店内にグランドピアノを転用したテーブルが置いてあったのを見た記憶があったのだ。

島に移住してからは都内のバーへなど行く機会もなくなってしまって、実物こそ見てないのだが、その写真のことだけは覚えていたのだ。ピアノそのものを改造するわけにはいいかないから、何とか天板だけ手に入らないだろうかと考えたのである。

ただし、ヤフオクで「グランドピアノ」と検索すると、出てくるのはピアノ本体か、ピアノカバーやおもちゃのグランドピアノくらいである。何日繰り返しても駄目なのだ。

しかし「俺が思いつくんだから、誰か同じことを考える奴もいるはずだ。壊れたピアノの天板を見て、テーブル用に売り出す奴もいるに違いない」、そう思って、あきらめないで検索し続けたのが幸いした。ついに出たのである。

なんと「グランドピアノの天板だけ」という出品があったのだ。


コメントには「テーブル用に使おうと保存しておいたのだが、いらなくなったので出品します」とあった。う〜ん、同じようなことを考える人は、やっぱりいたのだ！

とにかく絶対に落札しなければならない。競争者が現われることのないよう祈るような数日が過ぎて、無事落札できたときは、年甲斐もなく「やった！」と叫んでしまった。

これでメインのテーブルができたのである。落札価格は1万円程度であった。後になって友人にこの話をして「どうだ、運がよかっただろ」といったら、「いい年してそんなもの欲しがる奴はお前くらいだよ」と、笑われてしまった。

かくして、天板が送られてきた。グランドピアノとしてはやや小ぶりのサイズで、低音

グランドピアノの天板に脚を取り付けテーブルに。「天板だけ」が出品されるまで検索し続けた

部分もそう長くなく家庭用のセミグランドといった品である。だが4人掛けのカフェテーブルには十分過ぎる大きさだ。ディナーテーブルとしても通用する。まさに、店のメインテーブルにふさわしいサイズであった。

周辺に多少の小傷とペンキ跡などあるが、大きな傷はなく塗装のつやも残っている。天板自体は薄いので脚を取り付ける部分のみ合板を貼り付けて補強し、他のテーブルから外した3本の丸い木製脚をつけた。

脚の部分を赤く塗ると天板の黒と脚の赤がうまくマッチして、やや官能的なテーブルができあがったのである。

このテーブルに合わせる椅子を探す

のには時間がかかった。テーブル天板本体が黒であるし、曲線的なデザイン、しかも鏡面仕上げである。下手な素材の椅子では釣り合いが取れない。もちろん高い新品は使えないからヤフオクで探すのだ。ちょうど他のテーブル用椅子も探さねばならなかったので、都合はよかったのだが、毎日椅子探しの日々が続いた。

数ヶ月後、やっと黒と灰色のモノトーンのダイニング用椅子セットに出会えたのである。フレームは細い金属製だがしっかりしたつくり。すっきりした直線的なデザイン。座面は黒のビニールレザーで拭きやすく、営業用にはぴったりだ。引越し処分の出品だったが、4脚セットで1万円以下という出物であった。

造作工事関係、ヤフオクで入手したもの

□ ケイカル板５ミリ厚（中古）：１枚が三尺×六尺のもの。運賃が高いので、出品元の住所に注意する。

□ 水性白ペンキ（新品）：これは２リットル缶が３本セットで出品されていた。売れ残りの処分品だと思う。ペンキは使用期限があるので、その期限間近のものは捨て値で出品されることがあり、お買い得である。

□ 室内ドア、トイレ用（中古）：マンションで使われていたドア。

□ 室内ドア、厨房用引き戸（新品）：工事現場での事故品。３センチの穴以外は新品である。

メインテーブル関係、ヤフオクで入手したもの

□ グランドピアノの天板（中古）：小型、本体のピアノは輸入品のようである。

□ テーブルの脚（中古）：ダイニング用テーブルから外した物。

□ 金属製椅子セット、４脚（中古）：椅子は組み合わせて梱包できないと送料が高くつくので形状に注意したほうがいい。肘掛がついたものなどは（組み合わせがきかないため）単品で送ることになってしまい、送料が倍かかることになる。

お客用テーブル
ケーブルドラムが合わず、最終的に「ちゃぶ台」を改造

メインテーブルはできた。残された店内のお客用テーブルは、直径80センチ程度の丸テーブルが6個あればいいことがわかった。

カフェの営業用につくられた市販の丸テーブルには直径60センチくらいのものが多い。限られた店内スペースに多くのお客様を入れるには、そう大きな丸テーブルは入れられないし、カフェテーブルはダイニング用みたいに広い面積が必要ないからだ。

だが、あまり狭いテーブルではゆったり感がないし、2人で軽食でも取るにはそれなりの広さも欲しい。元々収益優先の店ではないのだから、サイズ的にも多少贅沢をすることにしたのである。

最初に予定していたのは、電気工事のときに出る廃物のケーブルドラムである。これな

ら大小さまざまなサイズがあるし、島でもゴミとして入手が可能だからだ。田舎暮らしの雑誌などでも、いろいろな場所での使用例が紹介されている。

知り合いの電気工事業者にわけを話し譲ってほしいと頼むと、使用済みドラムは倉庫脇に積んであるから、いくつ持っていってもいいという。もちろんタダであった。

試しに直径80センチ程度の物をもらって分解し、表面をニスで塗装し中央に黒い脚をつけてみると、なかなか落ち着いた感じのテーブルに仕上がった。ドラム自体は天然木の板でつくられているので、仕上がりは茶色になり、その自然な素材感も悪くない。

だが、気をよくして大小4個ほどつくり、店内に配置してみると、なんとなく雰囲気が合わないのである。ケーブルドラムの野性味というか、素材である木材の自己主張があまりに強くて、店内の漆喰壁に調和しないのだ。ワイルドな感じが強すぎるのである。

店内全体の雰囲気、つまり統一感については、「和風モダン」をコンセプトにするつもりである。これは一番重視したいところだ。お客用テーブルはその中心になるものだし、ここで妥協はしたくない。いろいろ配置替えを試みたり、仕上げのニスの色を変えてみたりしたのだが、それでも納得がいかない。店内の統一感が出ないのである。仕方なく、何か別の素材を考えなければならなかった。

ヤフオクで、テーブル関係のところを検索しまわっていると、偶然「ちゃぶ台」というのに出会った。私が子供の頃は、どの家庭にもあった食事用の丸い座卓である。「テーブル」ではなく「骨董」のカテゴリーに出品されていたから、今まで気がつかなかったのだ。

これを改造して天板部分だけ外せば、洒落たカフェテーブル、しかもどこにも売ってないオリジナルなテーブルになるではないか。しかも古くて汚い品の出品価格は安い。どうせ再塗装するのだから多少の傷は問題ないのだ。

そう思い、黒くて古そうな一点を落札した。直径が90センチで、昭和30年代の品物。落札価格は安く、１０００円であった。

送られてきたちゃぶ台は多少の傷とがたつきのある品だったが、脚回りを外して天板をサンダー◆45で磨き、ウレタンニス◆46で再塗装し金属製の脚をつけたら、洒落たカフェテーブル

◆45 サンダー：木材、金属などの研磨、錆落しなどに使われる電動工具
◆46 ウレタンニス：ウレタン樹脂を使ったニス。皮膜が硬く家具などの塗装に用いられることが多い

に変身した。さっそく店内に置いてみると、周りの漆喰壁の雰囲気に実によくマッチしたのである。

なんとか見通しがついたので、ちゃぶ台ばかりを専門に探して、1台3000円前後の安いものばかり、合計7台を落札。なかにはケヤキや桐材でつくられた高級品もあった。すべての脚回りを外し、地色を損なわないように再塗装して金属製の脚をつけた。もちろん1台毎に色も材質も違うのだが、ちゃぶ台の独特な和風の持ち味が店内の漆喰壁と微妙にマッチして、全体として違和感のない店内仕上がりになったのである。

ただ、その後ちゃぶ台は、雑誌などのライフスタイル特集記事に取り上げられるようになり、オークションの人気商品に変身したようだ。古物業者の出品価格も上がり、安く手に入れるのは難しくなってしまった。だが、こまめに探せば個人出品の割安な物に出会えるし、よく売れることがわかったためか出品数は増える傾向にある。

苦労したのはちゃぶ台の天板につける脚のほうであった。全体としては洋風の丸テーブルに仕上げたいのだから、一本脚、しかも金属製でないと釣り合いが取れない。もちろんテーブルの脚だけというのはメーカーに頼めば手に入る。だが、意外に高価なのだ。中古

「和風モダン」のコンセプトに見事にマッチしたちゃぶ台

のちゃぶ台本体より高いのである。

しかしよくしたもので、ヤフオクで「テーブルの脚」と検索すると必ず何点かはヒットするのである。世の中にはテーブルの脚だけを売りに出すような奇特な方がちゃんといるのであった。

もちろん、出品される品物は金属製とは限らない。さまざまな形の脚である。脚の長さ（テーブルの高さ）も同じではない。だが、こまめに検索を繰り返し、時間をかけることで、金属製の一本脚を必要な本数だけ手に入れることができたのである。なかには長さの合わない品もあったが、それらは地元の鉄工所で長さを揃えて切断してもらった。そして、手に入れた金属脚は黒くニス塗装して、店内の雰囲気にマッチさせたのだ。

テーブル用椅子、カウンター用椅子

業務用の模様替え出品を狙う

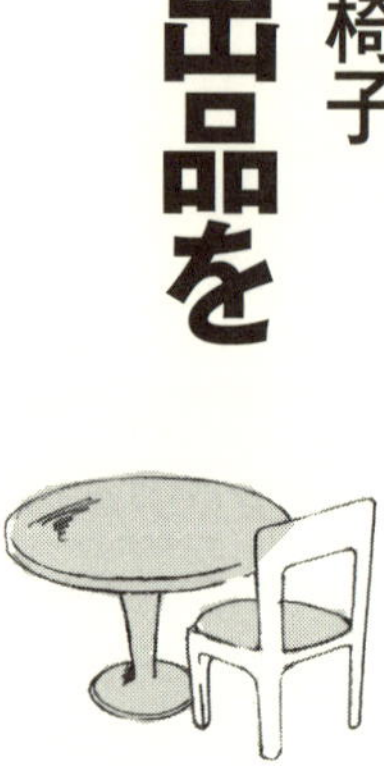

メインテーブルの椅子探しに苦労している頃、その他の椅子探しもはじめた。ヤフオクの同じカテゴリーなので、作業的には同じことになるからだ。こちらはダイニング用の椅子ではなく、喫茶・カフェ用の出品から探す。

テーブルと椅子はセットでデザインされるほうが好ましいのだが、仕上げたテーブルはちゃぶ台を改造したオリジナルなので、色、サイズともにばらばらである。それらにすべてマッチするような雰囲気の椅子、しかもカフェの営業用に耐える品を見つけなければならない。

サイズ的にも大きいものは入れられない。あれこれ検索しながら、喫茶店などの改装でまとまって出品される品物にピントを合わせて探すことにした。

必要なのはテーブル用に14脚、カウンター用に3脚である。カウンター用は脚の長さが店のカウンターの高さに合うものでないと使えない。

さらに、太い天然の梁を転用したカウンターの雰囲気にマッチさせるためには、和風小料理屋、居酒屋で使われているような物は駄目である。和風ではあっても「モダン」にはならないからだ。

そうしてみると、カウンター用の椅子自体はかなりの数が出品されているのだが、なかなかこれというものが見つからない。銀色のアルミ脚で白い丸スツール型の椅子を見つけるまでに、1ヶ月以上はかかった。3脚で1万円ほどであった。

さらにてこずったのはテーブル用の椅子である。とにかく同じデザインの椅子が14脚必要なのだ。いくらオークションが日常生活に普及してきたといっても、普通の家庭からはまず出される量ではない。喫茶・カフェの業務用に使われていたものが店内改装か廃棄処分かで出品されるのを待つしかないのだった。

毎日「喫茶・カフェ、椅子」というキーワードで検索を繰り返す。ヒットする品の大半は数が揃わないか、たまに数が揃っても色やデザインが合わないものばかり。12脚の椅子セットに出会うまでに3ヶ月以上を要した。

落札したのは、小ぶりの木製で、本体はこげ茶色で座面は赤という、実に落ち着いた感じの品だった。

大阪の喫茶店から出た改装処分品、つまり本来ならゴミとして処分される品物で「バラ売りは不可」とされていたのがよかった。普通の人はまず手を出さない量であるから、すんなりと落札できたのだ。数こそ2脚不足していたが1脚の価格はたったの300円、落札額は合計3600円で済んでしまった。

さらに最終的に不足した椅子2脚は、その後別の家庭から出品された同じような色合いのソファタイプ3脚を落札し補充できた。かくして、店内のお客様用椅子18脚の購入総額は、3万円ほどで済んだのである。

この椅子12脚の出品者は大阪の古物商で、自分が運送業者の運賃を値切る代わりに、浮いたその分の金額を落札価格に上乗せしてほしいと交渉してこられた。つまりこちらの支払い総額は変わらないわけである。もちろん了解したのだが、さすがに関西商人やなあ、と感心したのであった。

お客用テーブル関係、ヤフオクで入手したもの

□ ちゃぶ台、7台（ケヤキ、桐などあり）（中古）：直径65～105センチの物。
□ テーブルの脚（中古）：高さ65センチ程度の物。金属製。

テーブル用椅子、カウンター用椅子関係、ヤフオクで入手したもの

□ アルミ脚カウンターチェア、3脚（中古）
□ 木製チェアー、12脚（中古）：木製の椅子が便利な最大の理由は、簡単にリペアができるからである。座面の布はホッチキスで張りかえられるし、高さが合わなければ脚を切り落として調節すればいい。塗装も大部分はウレタンニス仕上げだから塗り直すのは楽なのだ。
□ 木製ソファ、3脚（中古）：一人掛けの小ぶりなソファである。

照明器具、広告行灯など

全体イメージを決めたら、根気強く出品を待つ

店内の照明器具類は、白熱灯系を用いた暖かい雰囲気にすることに決めていた。店全体が白と黒を基調にした落ち着いた感じなのだから、蛍光灯照明は似合わないと思ったのだ。壁付けペンダントや小型スタンド、天井用スポットライトなどが必要な商品である。

これらはヤフオクに無数といっていいほど業者出品されているし、新品価格もそう高価な物ではない。ただ、工事が進行してくると手元資金も少なくなってくるから、いまは1円でも安く済ませたいのが本音である。

同時に、店内正面、メインスピーカーとなるアルテックA5の中央に置くスタンドにはこだわりたかった。店に入ったお客様の視線がまず最初に来る場所だからである。

高さ70センチ程度で上品な電気スタンドはないものか？　そう考えて検索を繰り返した。

結局、沖縄の米軍住宅で使われていたという、中国風の絵柄が入った黒い壷型の品を見つけることができ、落札した。

送られてきたスタンドが現場にセットされ、白無地の大きな傘に白熱灯の明かりが灯ると、店全体が穏やかで洒落たいい雰囲気になる。スタンド本体の存在感が、強すぎもせず貧弱にもならず、実にバランスがいいのである。最高の落札品であった。

こういった品を新品で探すとなるとそれこそ大変で、分厚いメーカー・カタログを何冊も取り寄せ、調べ回っても見つかるかどうか。新品、中古、あらゆる商品が出品される「ヤフオク」の商品集積力のすごさを感じる場面である。

入手したスタンドを置く台は、コーヒー豆を輸入するときに使われた木製の樽を再利用することにした。これも廃棄されるものを業者が売りに出していたものだ。高さ60センチほどの白木の樽をこげ茶色に塗装したら、実にシックな置き台に変身した。1個1000円もしなかったので6個ほど購入。飲食店をやっている友人などに声をかけたら「店のインテリア用に欲しい」と余った分はすぐになくなってしまった。

壁付け照明用の小型ペンダントも、こっちから3個、あっちで2個というように同じようなサイズ、デザインの品を集めることができた。みな改修などで取り外された品で1個500円から1000円である。

それぞれ多少の形は違っていても、店内の壁に取り付けてみるとそれほど違和感はない。穏やかな白熱灯の明かりは店内に実にいい雰囲気をかもし出してくれるのである。

玄関の前に置く「営業中」の行灯《あんどん》も、いろんな型、サイズの中古が出品されている。落札したのは小型の行灯で、マージャン店が使用していた品であった。おそらくビル内で使われていたらしく、錆も多くない品である。

内部の蛍光灯1本を交換し、文具店で入手したカッティングシートで店名、営業時間、定休日などを切り出して貼り込むと、一見新品同様になってしまった。

白熱灯の照明が店の雰囲気をつくる

中古の行灯に自分で店名などを貼り込むと、新品同様に

照明器具、広告行灯など、ヤフオクで入手したもの

- □ 壁付けペンダント、小型、6個（中古）：店内照明用。
- □ 小型スタンド、2個（中古）：入り口ショウウィンドゥ装飾用。
- □ メインのスタンド、中型1台（中古）：中国製のスタンド。
- □ 天井用スポット照明器具、3個（中古）：メインテーブル等の照明用。
- □ 天井スポット用取り付けレール、3本（中古）
- □ 天井用ペンダント、小型4個（中古）
- □ 吊り下げペンダント、1台（中古）：レコードプレーヤー照明用。
- □ 天井用蛍光灯器具40W用（清掃時用）、1台（新品）
- □ 天井用蛍光灯20W10本入り、1箱（新品）：電球類は1箱買いすると安くなる。
- □ 白熱球型蛍光灯10個入り、1箱（新品）
- □ コーヒー輸入用の木製樽、6個（中古）：ブルーマウンテンが入っていた樽。

冷蔵庫、電子レンジ、コーヒーメーカーなど
コンパクトで作業効率のよい厨房にするために

店の内装もほぼ終わりに近づいてきて、最後に取り掛かったのが厨房である。なにせ従業員など雇える店ではない。すべての調理作業は自分一人でやれるように機材を配置しておかねばならない。

おまけに厨房スペースは横二間（3・6メートル）、縦一間（1・8メートル）弱程度。この中にダブルシンク、調理台、ガス台、冷蔵庫、電子レンジ、コーヒーメーカー、食器棚など、すべて持ち込まなければならないのだ。

営業しようとしているのはカフェである。お酒や軽食も出す予定だから保健所の許可は飲食店営業で取らねばならない。喫茶店営業の許可と飲食店営業のそれとでは、使用するシンクのサイズも違ってくる。手洗いも2ヶ所に取り付けないと営業許可はおりない。し

かし、スペースに余裕はない。当然、必要とする機材もそれらの条件を満たすものでなければならないのだ。

なんだかんだ、さまざまな制約があって、厨房製作には2ヶ月以上もかかってしまった。

まず、内装用に張ってあるケイカル板[◆47]の上に水性の白ペンキを塗る。厨房内は衛生的で管理しやすいように全面白色仕上げである。これだと汚れや虫などすぐに目に付くし、明るくて調理もしやすい。

てこずったのは例の築１６０年の梁で、内壁の上部に出っぱっている。これは表面塗装だけではきれいにならないから全体をケイカル板でカバーすることになった。

チョウナで削られた凸凹のある梁のサイズに合わせて硬いケイカル板を切り抜くのはなかなか大変だ。すべての繋ぎ目にシリコンのコーキングを入れて仕上げ、その上にペンキを塗っていく。結構きつい作業である。

厨房の床は経費を抑えるため合板の上にこげ茶色のクッションフロア仕上げだ。クッションフロアはヤフオクにも多数出品されているから自由に選べるが、重歩行（土足）用の物にしておかないと駄目である。半端ものが安いので、長さ4メートルほどの使い残しを落札。

調理台は奥行き60センチ、幅180センチのステンレス製、ダブルシンクは同じ奥行きで幅135センチの物を、中古厨房用品専門に出品している業者から落札した。

飲食店業界は開店閉店のサイクルが早いせいか、中古厨房用品はヤフオクに大量に出品されている。探す気になればかなり特殊なサイズのシンクなども見つけることができる。ただ、中古シンクは足元が錆びているものが多いし、送料も高いので、品物の写真や出品地の確認が大切である。

ガス台も専門業者が多数出品しているので探すのは楽だ。これは、業務用で三方向にカバーの付いているものが出品されていたのを見つけて購入。多少錆びていたため、1万円もしなかった。

冷蔵庫は家庭用の450リットルクラスの大型を探した。ステンレス性の業務用は冷蔵

◆47 ケイカル板：正式名称は珪酸カルシュウム板。消石灰、珪藻土、石綿に水を混ぜて練ったもの。耐火性に優れ、厨房などの内装用に使われる

能力が高くても、重いし電気代がかかるのだ。中古冷蔵庫はメーカー・カタログで消費電力を確認しないと、結果的に高くついてしまうことがあるから要注意だ。できるだけ新しい年式のものを選びたい。

また、類似型番でも量販店用につくられた品とメーカー系列店用につくられたそれとは、販売価格も大きく違うのが普通である。その価格差は基幹部品などの性能差になっていることもある。その辺の違いもメーカーのサイトなどでよく確認したい。

大型の冷蔵庫などは運賃が高く、落札価格と同じくらいになることさえあるから、運賃の安い「ヤマト便」で発送してくれる出品業者を探すのも忘れてはいけない。

ただ、どこの運送業者の運賃が一番安いかは、その地域によって変わってくるであろう。全国規模で小口の貨物輸送をしている業者は他にも数社あり、それぞれの地域で一番安く事故が少ないと評判の業者を探すことである。

特に離島の場合は、その島に直配対応してくれる業者でないと、船積み運賃や中継料という加算料金が発生し、その差額は大きなものになってしまう。わが家の場合、そうした点でヤマト運輸のヤマト便ということになるのである。

厨房関係の落札で一番ラッキーだったのは電子レンジである。有名メーカーの比較的新

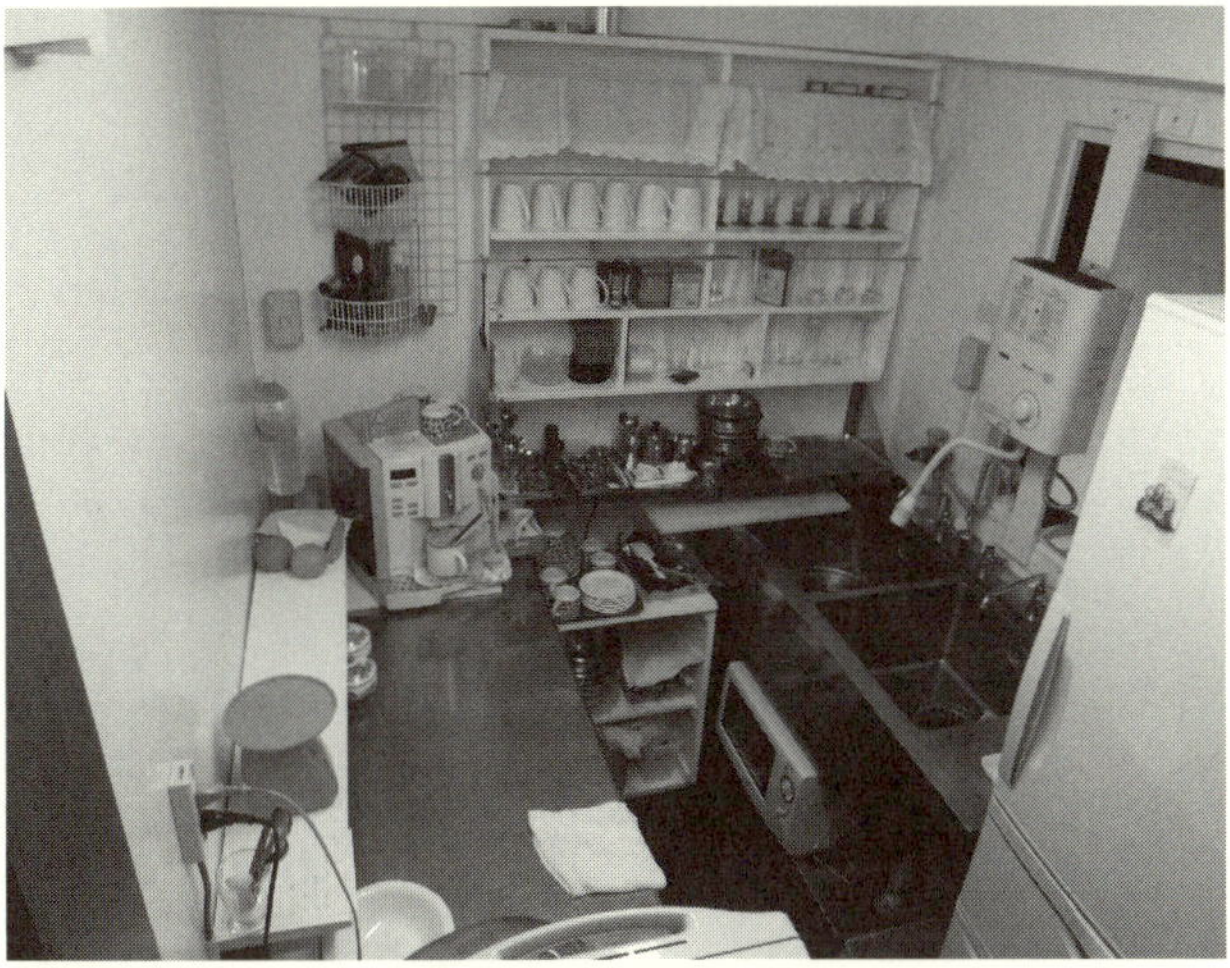

厨房は２坪弱。作業しやすいよう器材を配置

しく高級なレンジがなんと「1円」で出品されているのを見つけた。福岡県の出品者である。コメントには「動きません、ジャンク」とあるだけで他には何の記入もない。

常識的にみて、電子レンジの可動部分なんてそう複雑な構造になっているわけではないし、年式も新しいから修理可能だろうと思い入札すると、誰とも競ることなく1円で落札。おそらく出品者のこのコメントを見て誰も入札しなかったのだと思う。もちろん送金手数料と運賃のほうが高かったが、商品はちゃんと送られてきた。

コンセントにつなぎスイッチを入れる

と、たしかに動かない。念のためメーカーのサイトから入手した取説を見て、リセットの操作をした後再びスイッチを入れると、なんと「ブーン」という音とともに、何事もなく動きはじめたではないか。その後いろいろな機能を試したのだが、すべての機能が何の問題もなく使えることがわかったのである。

いまはこんな家電にもコントロール部分にはマイコンが組み込まれているから、何らかの理由でフリーズでもしたのか、リセットが必要になった状態だったのであろう。前所有者はそれがわからなくて「壊れた」と思い1円で出品したのだ。

かくて、ほぼ新品同様の高級電子レンジが、代金1円と送料だけの2000円もしない費用でわが厨房に収まることになったのである。

厨房関係で一番手間取ったのはコーヒーメーカーであった。これはイタリア製などの小型業務用が市販品として有名だが、使っている同業者の人に聞くと「壊れやすい」というのである。うちで欲しいのは友人の店で使っているスイス製のエスプレッソマシンだが、正規の代理店価格は1台30万円近くするし、並行輸入品などはない。これでは手が出るわけがない。

すでに100万円の当初予算はもう使い切ってしまって、これ以上の出費は追加予算になっている状況である。1円の無駄も許されないのだった。

毎日ヤフオクで「コーヒーメーカー」と検索する日が続いた。内装工事を進めながら数ヶ月は続けたと思う。するとある日、探しているスイス製のマシンによく似た形の品物が出品されているのに出会ったのだ。

その品は、国内のある飲料メーカーが発売したもので、私が探しているものよりは小型だが4万5000円で出品されていた。あまりに外観が似ているので「もしや」と思いそのメーカーに問い合わせたところ、なんと探しているスイス製メーカーのOEM商品であることがわかった。

そのサイズの小型は代理店が輸入取り扱いをしていないので、カタログに載っていなかったのだ。マシンの中に使われているヒーターなどは輸入品と同じなので、国内修理ができることもわかった。洗浄剤なども代理店から購入が可能だ。こうなれば即入札である。

結局、このコーヒーメーカーも誰とも競り合うことなく落札できた。本音はもう少し安いのが欲しかったのだが、店の中心となる機材だから、ケチって使えないようなものでも困るので、納得したのである。

送られてきたマシンは、内臓メモリーの使用記録から1万3000カップほど使用されたものであることがわかった。おそらく小規模な業務用として使われていたのであろう。だが、さすがにスイス製である。その後一度の故障もなく稼動してくれている。

厨房関係の小物といえば調理器具だが、今回はこれもほぼすべてをヤフオクでまかなった。業務用のコーヒーミルは都内の喫茶店から出されたもの。その昔よく使われていたこげ茶色のおなじみの型だ。使い込まれてはいるが、さすが業務用の機材だ。モーター音も静かで快調に動いてくれる。

同じく業務用のなべやフライパン、プロ用の大型まな板、ウェイター用のステンレストレー、キッチンスケール、ミキサーなどは、みなプロが使用していたものの出品である。一般家庭ではあまり使わないようなものだから、入札で競り合いになることも少なく、かつ安い。

食器も窯元と思われる業者が「B級品、一部難あり」と称して出品しているものからデザインのよいものを選ぶことができた。ランチ皿など同じ品物を10枚、20枚と用意する必要があるので大いに助かった。

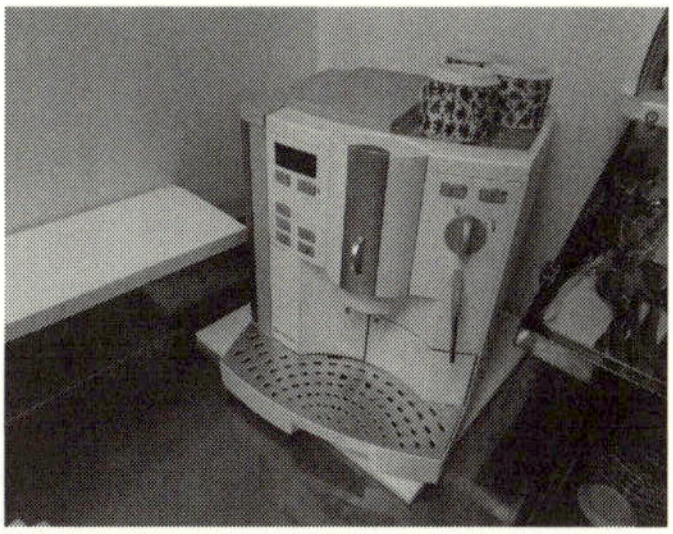
探していたスイス製コーヒーメーカーのOEM商品を発見

都内の喫茶店から出品された業務用コーヒーミル。快調に動く

台東区合羽橋にあるプロ用調理器具専門店の価格などと比べればわかるが、このようなヤフオク出品物の特徴は「安い」ことである。

おそらく正規の流通ルートなどから外れた「わけあり品」なのであろうが、そんなことは使う側には何の問題にもならないのだ。ひたすら初期コストの削減に貢献してくれるのであった。

唯一国内で手に入らなかったのは、コーヒー焙煎機である。これは国産に適当な品がなかったのである。あるのは業務用で10キロ単位のコーヒーを焙煎するものか、反対にあまりに趣味的な個人用の焙煎器ばかり。1回に300グラム程度を焙煎できる小型の機材がないのである。

仕方がなくスイス製のある機種を選定したのだが、国内に輸入代理店がないため日本では発売されてないことが判明。やむなく「イーベイ」(eBay) という米国内のオークションサイトで検索、数点の出品を見つけその中のひとつを落札した。

出品者はアメリカ中南部の州に住む主婦で、もちろん米国人。英文メールでやり取りをしたのだが、日本からの落札にもそれほど驚いた様子はなかった。支払いは「ペイパル」(PayPal) という決済システムでクレジットカードを使う。送金決済が済むと、2週間ほどで品物が送られてきた。

このスイス製の機種は1回の焙煎量が200グラムと少なく時間もかかるのが欠点だが、その分細かな調整ができるのだ。うちのような小さな店では一度に大量の焙煎をすることはないのだから、小回りの利く焙煎機のほうがありがたいのである。これでコーヒーの生豆を仕入れ、自家焙煎ができるようになった。

いまや必要さえあれば、海外オークションからも品物の調達ができるようになっているのである。

厨房関係、ヤフオクで入手したもの

□ 冷蔵庫455リットル5ドア省エネタイプ（中古）：量販店などで売られる廉価版ではなく、高級なモデルを入手するのがコツ。

□ 食器棚、大小2台（中古）：全部を白ペンキで塗り直しきれいにした。

□ コーヒーメーカー、スイス製ＯＥＭ（中古）：海外製品には200Ｖ仕様もあるので要注意。

□ 業務用コーヒーミル（中古）

□ コーヒー焙煎器（中古）：イーベイ（米国内のオークションサイト）から購入。120Ｖ仕様なので、途中にトランスを加えて使っている。

□ 電気オーブンレンジ、2台（新品同様／中古）

□ ミキサー（新品未使用品）

□ 換気扇（新品）：ガスレンジ用換気扇30センチ。

□ なべ、フライパン、数点（新品／中古）

□ 業務用まな板（中古）

□ 食器（新品）

□ ウェイター用ステンレストレー数枚（中古）：ホール用の必需品。

□ キッチンスケール、2台（中古）

その他小物多数。

客席仕切り用衝立、玄関マット、装飾用偽木など

最後の室内仕上げ

ついに最後に差し掛かってきた。厨房ができてしまえば、ほぼ完成したのと同じである。残るは室内レイアウト用小物である。まず装飾用の偽木が2本。これは高さ1メートル半ほどのもので、室内アクセント用。生の木は湿気を出すし管理が大変なので、使わない予定である。これも装飾材専門業者が多数出品している。ただし中古はないのが欠点だ。

あとは、椅子席を仕切る衝立が3〜4点。これもそれぞれのテーブルコーナーに使って、椅子席ごとに目線が合わないための必需品である。

この手の衝立は骨董品扱いの屏風から家具扱いの新品まで多数の出品から選ぶことができた。ただ、価格とサイズの制限があるからそれなりに手間取る。しかも意外に値が張るのだった。結局、格子状に組まれた木製の品を数点、落札し配置した。

入り口ドア下に置く玄関マットは業務用の新品を見つけた。「WELLCOME」と書かれた赤いマットで業者出品で安い。さすがに中古品はないため、これも即落札である。

さて、カフェである以上、店内の雰囲気を和やかにするためにも装飾小物は欠かせない。そして、それらを飾るガラス製のキャビネットも必要になってくる。

この手の家具やショウケース類もヤフオクには新品、中古と多数出品されている。ただあまり安いものは質感も貧弱なので、装飾用としては逆効果になる。もちろん宝飾店のショウケースのようなものではダメである。

高さ2メートル幅90センチくらいで、正面にガラスをはめ込んだ感じのいい木製ショウケース、なるべく高級品はないかと、ずいぶんと探すことになってしまった。

見つけたのは、前面が五角形でそのすべての面がガラス、枠はこげ茶色の木製という高級キャビネットだった。照明用の蛍光灯も組み込んである品だ。古物業者からの中古出品である。高さや幅もほぼ必要なサイズに合っている。

大型家具店のカタログで類似商品の新品価格を調べると、だいたい10万円程度の品であることがわかった。さすがに品のよいつくりである。出品価格は、なんと1万円ほどである。すぐにウォッチリストに登録したのはいうまでもない。そして数日が経過、オークション終了寸前、他には誰も入札していないことに喜びつつ、1万円強で入札。無事に落札できたのであった。

このガラスキャビネット、運賃節約のためヤマト便で運んでもらえることになったのだが、なんせ前面はすべてガラスである。はたして割れずに無事に着くものかどうか、かなり心配だった。だが、届いてみると、エアーキャップとリサイクルダンボールを何枚も使い芸術的とも思われるほど完璧に梱包されていた。

さて、なんだかんだ、これで店は大体できたことになる。あとは、お客様用の漫画とオーディオ関係の搬入が済めば開店準備に入れるのだ。

漫画は有名作家の連載から『課長島耕作』『龍:ロン』や、『なにわ金融道』『美味しんぼ』などの力作を全巻揃えた。みなヤフオクで落札したものだ。

これらも全巻セットの出品が古書店などから多数ある。

しかしそれなりに高い値段になるので、何冊か欠品のあるセット崩れの個人出品を狙うのがコツである。落札価格は大幅に安くなる。欠品部分は後からこつこつ集めればいいのだ。

ここ大島には漫画喫茶などはない。著名漫画家の力作は古くなっても陳腐化することはないし、好きなお客様が読みに来てくれると考えたからである。

それ以外にも玉村豊男のエッセイや近藤誠のがん関係著作、トーマス・フリードマンや開高健の著作など、私が面白いと思った本なども置くことにした。ミニ読書室のようにも使ってもらえればいいと考えたからである。

店の本棚に本が並び、装飾関係の品がそれぞれの場所に収まると、店内はぐっとカフェらしくなってきたのである。

出品された方の心のこもった梱包によって、
割れずに到着したガラスキャビネット

最後の室内仕上げ、ヤフオクで入手したもの

- □ 客席仕切り用衝立、4点（新品／中古）：木製、格子状の衝立。テーブルごとの視線がかぶらないための必需品。
- □ 玄関マット、営業用（新品）：業者出品がいっぱいある。
- □ 装飾用偽木（新品）：これも、さまざまな形の商品が出品されている。
- □ ディスプレイ用キャビネット（中古）：出品は多いが、気に入った品を見つけるのには時間がかかる。
- □ 漫画・書籍各種（中古）：どんな種類の漫画や書籍を揃えるかは、お店の雰囲気にも関係してくるであろう。実際に来店されるお客様の傾向も考えないと、オーナーの独り相撲に終わる可能性もあるから難しい。

5章

開業までのあれこれ
ビンテージオーディオの世界と営業の諸手続き

営業用にオーディオ機材を店に運び込む

建物はできた。店内の什器、備品なども揃え終わり、いよいよ開業の準備に取り掛かる。まずはオーディオである。

小さいながらも「ジャズカフェ」を名乗る以上、それなりの音楽再生装置は入れなければならない。ただ音が出ていればよい、というものではないのだ。

当然、お店最大の「商品」ともなる部分である。ここは自分なりにこだわりたいところだ。しかしもう予算はないのだった。

わが店で使用しているオーディオ関係の機材は、すべてヤフオクと米国イーベイで落札したものである。ただしLPレコードだけは、例外的にカナダ、トロントの中古レコード店から購入したものが多い。それぞれ、もはやビンテージといわれる部類の機材だ。

これらは開店のために揃えたというより、以前から自分の趣味として購入してきたもので、それをそのまま店用に転用したというわけである。

ちなみにこの手の高級スピーカーやオーディオ機材には、中古でも1セット100万円程度の品物はざらにあり、なかにはアンプ1台250万円なんて品もある。本来なら店一軒の建築予算が100万円なんてカフェで、使えるものではないのである。当然、カフェづくりをはじめた時から転用を前提に考えていたのだ。つまり当初の建築予算外である。

いずれもわが20代の憧れだったものだが、当時の給料ではとても手の出る品物ではなかった。物によっては、当時の年収と同額程度の機材もあったのだ。

その後も、これらの高級オーディオ機材は大して値下がりもせず、秋葉原などのマニア向けオーディオ専門店の奥に鎮座していたのである。

そういった商品群が、ヤフオクが広まるにつれどっと出品されてきたのだから、私のみならず当時のオーディオマニアなら舞い上がったのではないだろうか。相場は専門店「市価」の半値から四分の一程度だったから「全部欲しい」と思った人もいたはずである。

いま振り返ると、オークションが市民権を持ち参加者が広がりはじめた2~3年間が、最も珍しい商品が安価で出品された時期だったのではないかと思う。

もともとこういった品物は、一部のマニア間では珍重されても一般的には需要のあるものではなく、興味のない人には単なる古物以外のものではない。いわゆる流動性に欠ける特殊な商品である。

そこを狙った専門業者の買い取り価格は安い。反面、販売価格は驚くほど高いのだ。もちろん、メンテナンスや修理に費用がかかるとしても、その差はそれらの経費分以上である。マニアの人たちならそのことはよく知っていたはずだ。だから、みすみす安く処分するのも嫌で、仕方なく保有していた人たちが、業者の買い取り価格よりはるかに高額で落札されるのを見て、一気に売りに出したと思われるのである。

そして数年、それらの出品が一巡すると、めぼしいものは出てこなくなったのだ。もともと少数の愛用者が所有していたものが、一気に売りに出され、再び収まる所に収まった、というわけである。

たとえば現アキフェーズが初期のケンソニック時代、今から30年以上前に製造販売したC220というアナログディスク用アンプがある。発売時の価格は約20万円。LP再生性能にかけては、当時「これにかなうものなし」とまでいわれた高性能アンプである。その再生音の素晴らしいことでは折り紙つきの機材だ。マニア間での評価は今でも高い。

ヤフオクで入手した国産の古いアンプ群

レコードプレーヤーは、2本アーム用の特注品を探し落札

これも、ヤフオク初期の数年間は年に7〜8台ほど出品されたが、最近はまず見かけない。レコード愛用者には垂涎の機材だから、その頃購入した人はまず手放さないだろうし、当然、新品はないわけだから今後の出品もあまり期待できない。最近は1年間に1〜2台出品されるかどうか、である。

まあ、そんなわけで、わが店の機材は、その頃落札した品で構成されている。ただアルテックに関しては米国製ということもあり、米国のイーベイのほうが出品も多い。おまけにいまのように円高だとかなり安くなる。うちのA5用ネットワークN500Fやドライバーはイーベイで落札したものだ。

多くの機材は、入手したときは完動品だっ

たが、経年でオーバーホールしたものも多い。メーカー修理の対象外の品も多く、つてを探して何とかメンテナンスを維持している。

真空管と違い、石（トランジスタ）製品は、出力用のパワートランジスタなどが、まず入手不能になる。代替品でもあれば、音質変化を除いて音出しそのものは維持できるが、それがなければお手上げである。特殊なコンデンサー類も同じだ。

ビンテージ機材は修理が利くかどうか、確認して入手しないと使えなくなってしまうものも多いから気をつけないといけないのだ。わが家の場合、最悪を考えて、修理、再生するための部品取り用に、同型のジャンクを落札、保有している機材もある。

また、中古レコードに関していえば、これは、正直いって国内で買ったほうがいいと思う。たしかに国内価格は高いが、品質がいいものが多いからだ。

個人がヤフオクに出しているものも同じで、外装も盤もきれいなものが多いと思う。逆のいい方をすれば、日本人は買ったレコードをそれほど激しく聴いていないということでもある。

輸入品を探すにしても専門のバイヤーが日本向けに購入してくるものは、美品で荒れていないものが多いと思う。これは私のように海外の中古レコード店から安いものを直接輸入してみるとよくわかる。

以前、米ドルが1ドル120円程度、カナダドルは84円程度だった頃は、ニューヨークやサンフランシスコの中古レコード店よりカナダのトロントのそれから購入するほうが、はるかに安くついたものである。

中古LP1枚が3～8カナダドル、つまり500円前後なのだから。日本国内の専門店価格を考えると、200枚、300枚と購入する場合、無視できない価格差である。

ただし、店にもよるのだろうが、品質的にはひどい物も多かった。ジャケットの汚れはともかく、盤そのものの擦れがひどいのだ。つまり使い込まれた針で、何回も何回も聴き込まれたレコードだというわけである。言い換えてみれば、それぐらい彼らはジャズレコードをよく聴いている、レコードが日用品として使い込まれているということであろう。

今はレーザー使用のプレーヤーもあるから、それなら盤荒れのノイズは拾わないので使えると思うが、普通のプレーヤーと軽針圧の針、カートリッジのセットではノイズがひどくて使えない。結局、うちの場合も一定枚数のストックが過ぎたあたりから個人輸入はやめて、国内で買うようにしてしまった。

最後の落札品、空調用エアコン

店づくり最後の落札品になったのは店内空調用エアコンである。オーディオ機材やレコードには室内の湿気は大敵だ。お客様にはもちろんのことだが、機材の調子を維持するためにもエアコンの設置は避けては通れない。だが、音響効果も考えて店内空間を大きく取ったため、出力の大きなエアコンが必要になってしまった。

電気屋さんの見立てでは、業務用の五馬力程度のものなら十分だという。しかしそれだと1ヶ月の電気代はかなりの額になってしまう。商品はヤフオクに出品されてはいるが、本体価格も高額である。

どの程度のお客様が来てくれるのか、皆目見当がつかない立地での開業なのだ。ランニング経費はできるだけ抑えなければならない。

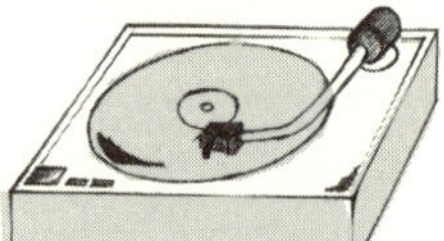

いろいろ検討した結果、室内最高部に家庭用の5キロワットクラスを付け、お客様の頭の上辺りになる梁の下に、同じく家庭用の4キロワットクラスをつけるという2台方式でいくことになった。

小型を2台にしておけば、外気の状況に応じてこまめに節電も可能であろう。冷房能力の計算ではギリギリ、またはやや不足といった配置になるが、このさい贅沢をいえる状況ではないのだ。店内は大きな開放窓のないつくりだし、壁は漆喰だから断熱性能は高いはずだ。ダメならその時点で考え直そうということにしたのである。

家庭用エアコンはヤフオクに多数出品されているが、さすがに季節商品である。よく観察すると冷暖房を必要としなくなる季節に値が下がるし入札者も少なくなるようだ。つまり、その分安く落札できるということである。

たまたま季節が春先だったこともあって、2台とも2万円そこそこで落札できた。製造後1~2年の比較的新しいモデルである。取付けは電気工事でお世話になった電気屋さんにお願いした。1台1万円の費用でやってもらえて、ほっとしたのである。これで空調も完成したのだった。

もはやメーカーが倒産、消滅していることが多い商品群である。納得できる品に出会うまで、あきらめずにこまめに探し続けることが良品入手のコツだ。

また、これらの機材は、いわゆるオーディオマニア用のそれとはちょっと異なった傾向の品であることに気づかれた方もいるであろう。マッキントッシュやマランツの真空管製品などは含まれていないし、メインのレコードプレーヤーなどはデンオンの普及品である。

店用機材はあくまで「営業用」なので、趣味用のビンテージ機材とは品物の構成が違ってくるのは仕方がないのだ。内地の有名店ならともかく、たいした売上も見込めない島の店で、毎日何時間もだらだらとＢＧＭをかけ続けるために、ガラードのプレーヤーや高価な真空管は使えない。たとえ音にこだわるとしても、大きな制約は最初から決められているのである。

□ ジャズレコード（中古）：ヤフオクにもジャズＬＰはいっぱい出ているが、価格安定傾向で、品物によってはディスクユニオンのような専門店のほうが安かったりする。

□ 空調用エアコン２台（中古）：家庭用国内有名メーカー品。エアコンは新しい型ほど省エネ設計になっている。できれば最新型がほしい。

オーディオ関係、空調関係、ヤフオクで入手したもの

□ メインスピーカーシステム：アルテックＡ５（515Ｂ、16Ｃ、311・60、Ｎ500Ｆ）：本体は関西の公共施設で使われていたもの。落札時の構成はＡ７のそれで、515Ｂウーハーを生かすためにＡ５にシステムアップした。ドライバーはイーベイ、ホーンはヤフオクで落札。ジャズの再生用に使っている。

□ メイン用アンプ類：ケンソニックＭ60、同Ｃ220、アキュフェーズＣ202など。基本は初期の石（トランジスタ）を使っている機材でまとめてある。

□ 同ドライブ類：ＤＰ3000、ルボックスＢ226、ウエスギトランス、など。

□ サブスピーカシステム：タンノイ、アーデンⅡ（ＨＰＤ385Ａ）：これはアルテックと正反対の傾向を持たせるようにシステムを組んで、普段はこれで静かにＢＧＭを流している。弦楽器を再生させるとさすがである。

□ サブ用アンプ類：アキュフェーズＣ222、クオード405、SONY555ＥＳＤ、マランツトランス、など。

□ オーディオケーブル：その他のケーブル類、カートリッジ、ＬＰ用針、トーンアーム、ピンジャックなど小物：これらもすべてヤフオクで入手した。古いものが多いため、落札までは時間を要した。ＬＰ用のトーンアームやカートリッジなど、

店づくりの総費用と店名の決定

敷地を造成してから約1年半、手づくりの「ヤフオクと廃材・廃物」製ジャズカフェ「スペイキャスト」は竣工した。当初予算は100万円で、手持ちの資金100万円をそれに当て、その中でやりくりするつもりだったのだが、結論からいうと、やはり無理であった。合併浄化槽工事や、水道、ガス電気工事など、業者さんの協力で常識ではありえない値段で工事してもらっても、やはり100万円には収まらなかった。かかった総額は概算だが、約240万円ほどである。もくろみ予算の倍以上になったわけだ。内地からの海上運賃が（予想どおり）高かったのも痛かった。

細かく支払い内容を精算したわけではないが、感じとしては費用総額の2～3割は運賃だったのではないかと思う。最初に落札した梁だって落札額は4万5000円ほどなのに対し、山形から都内までの陸上運賃が3万円、都内から大島までの海上運賃はなんと10万円以上かかったのである。すべてがこれに準ずるというわけではないが、離島の海上運賃は建築コストとして大きな負担になるのだ。

資材価格そのものが安いリユース品や廃材の場合、費用全体に占める輸送費の割合は特に大きなものになってしまうから痛い。資材運搬のすべてに車が使える内地なら、もっと安い費用で建てられたと思うのである。

だが、元々のもくろみ予算自体に積算根拠があるわけではない。「手持ちの資金で建てられたら」という、実に自己中心的で虫のいい話だったわけだ。誰に文句をいうわけにもいかない。というか、いい年こいたおっさんの、なんともおめでたい話に貴重な時間を割いて協力してくれた地元の業者さん達には、どうお礼をのべたらいいのか(当分の間は、職人さんたちの住む家のほうに足を向けては寝られない日々が続きそうである)。

結果として、建坪15坪程度の戸建の店、洒落た内装のカフェを約240万円程度で建て、開業までこぎつけることができたのである。

いくら土地代を含んでいないとはいえ、店の軀体をゼロから建てたわけだから、フツーの建築方法ではありえない金額で建ってしまったということになる。「リサイクル・セルフビルド」という建築方法の経済性であろう。と同時に、私が住む伊豆大島、この島社会の人間関係の密度や優しさ、おおらかさなどの総合力の結果でもあると思う。

もっとも、そんな風に考えるのは、私自身が「おめでたい」からであろうか。一度、近所の皆さんの声を伺ってみたい気もする。

さて、お客様から店名のいわれをよく尋ねられるのだが、正直いって「スペイキャスト(SPEY - CAST)」という名前に特別な意味はない。

ネットで検索すればわかるように、これはスコットランドのスペイ川を発祥とした「毛ばり釣り」のキャスティング技法の名で、一般的にはこっちが有名である。またそのスペイキャストをラベルにしたスコッチウイスキーの名前でもある。

このウイスキー、日本に輸入されてくる量が少ないせいか毎年すぐに品切れになる。私も少ししか飲んだことはないが、なかなか個性的でおいしいお酒であった。まあ、そのウイスキーの味にあやかってつけた名前だと思ってもらえばよいだろう。

とかくジャズ喫茶・カフェには有名な演奏家や曲の名をつけた店が多いことに反発して、まったく関係のない名前を模索していたら、たまたま友人に紹介されて飲んでみた酒が「ス

リサイクル・セルフビルドの店づくり 費用概算

躯体関係費用概算	670,000円	基礎、屋根トタン、サッシ、外壁材料など
内装関係費用概算	390,000円	床、内壁、建具、厨房、トイレ内装材料など
電気ガス水道関係費用概算	440,000円	電気配線、ガス、上下水道工事材料など
設備、備品関係費用概算	380,000円	厨房機器、エアコン、照明、什器備品など
その他、送料雑費など	520,000円	送料など
費用総額概算	2,400,000円	

※数字はあくまで概算です

ペイキャスト」で、その名前をちゃっかり借りたというわけである。でも、使ってみるとなかなかよい店名ではないかと、一人で思ってはいるのだが。

保健所への届出とJASRACとの契約

「店はできた、さあ開業だ」とはいかないのが規制社会日本の現実である。何らかの形で飲食店を開こうとすれば、必ず食品衛生法上の営業許可を取らねばならない。取り扱う食品や営業形態ごとに細かな規制がかけられているのだ。ここが雑貨店などと大きく違うところである。

まずは保健所への届出がある。これは工事段階で書面を提出して「事前相談」をしてあるので、その図面どおりの工事がなされているのか、衛生設備、用品などがちゃんと整備されているのかを係員が検査に来るのである。

その点は最初からきちんとしておいたので、何の問題もなく営業許可は下りた。向こう6年間はこのまま継続営業が可能であるということだ。

また、カフェ営業に関しては調理師などの免許が必要になることはない。しかし、食品衛生関係の資格があれば安心である。幸い養鶏をやっている時に「食鳥処理」の資格を取っていたし「食品衛生責任者」の講習も受けていたので、その辺も問題はなかった。あとはきちんと衛生面に気をつけて営業していけばいいだけである。

次に問題になるのが音楽著作権の使用料だ。すべての音楽作品には財産権、人格権などの著作権が付随している。市販のCDでも、個人が私的に使用する分には問題ないが（その分の著作権使用料が販売価格に含まれている）、営業用に店で使うとなると話は別である。あらたに「著作権の業務使用契約」を結ばなければ無断使用ということになり、著作者の財産権を侵害した、つまり損害賠償の対象になるのだ。その著作権管理の元締めが日本音楽著作権協会、ＪＡＳＲＡＣ（ジャスラック）という団体である。

使用料は、店の営業形態に占める音楽の重要性、客席、店舗面積などで大きく違ってくるらしい。

電話で東京地区を担当している職員に聞くと、うちの店規模で一般的カフェ営業、ＢＧＭ使用なら年間でもたいした金額にはならない。しかし「ジャズカフェ」を名乗り、ライブ演奏やお客のリクエストなどに応えるような音楽中心の営業形態だと、著作権使用料は大きくアップしてしまう、ということであった。

説明パンフを送ってもらい、いろいろ検討した結果、無理をしないでBGM使用の契約を結ぶことにした。なにせ、お客が来るのかどうか、開けてみないことには判断しようがない過疎の島での開業である。日常の経費は抑えるに越したことはない。

あらためて冷静に考え直してみれば、そもそもジャズなんか聴きに来るお客様がいるのかどうか。友人・知人から「大島にはジャズやジャズオーディオの好きな人が結構いるよ」との話は聞いていたが、それらの人がうちのお客様になってくれるかどうかは、まったくわからないのである。

実際に開業を目前にして、細かな必要経費などを計算しはじめてみると、さすがに慎重にならざるを得ないのであった。

なんのことはない、今までの店づくりの目標であり夢であった「洒落たジャズカフェ」は、単なる経済的理由により一瞬で幻となり、現実には「洒落たジャズBGMカフェ」スペイキャストが誕生することになってしまったのである。

まあ、お客のいない時や休みの時なら、好きなジャズをいくら大音量で聴いても何も文句はいわれないわけだし、「自分用のオーディオルームを店に転用していると思えばいいじゃないか」と、一人で溜飲を下げたのであった。

頭を悩ますメニューの作成と食材の仕入れ先

離島ならではの困難を打破するために

保健所の営業許可も取り、音楽使用の了解も取り付けて、はじめて営業そのものに取り掛かることになった。まずはメニューの作成とそれに必要な食材などの仕入れである。

メニューは店づくりをはじめると同時にいろいろな雑誌や本をあさり、何とか特徴のあるものをと考えて試作をしていた。もちろん、島にある飲食店にはほとんど行って、試食してみた。

だが、いくら情報を集めてはみても、つくるのは自分自身である。コックさんなど雇える店ではないのだ。おまけに調理そのものに関しては素人なのである。専門の調理学校などを出ているわけではない。たとえバイトで経験しているとはいえ、自分がすべてつくった料理でお客様からお金をいただいたことはないのであった。

結局、食事メニューは簡単なものにならざるを得なかった。仕方がない、とりあえずはできる物しかつくれない、からである。

しかし、地域で存在感を出すためには、多少の工夫はしなければならない。こんな小さな店でも、お客様に来ていただくためには他店との差別化は必要である。

試行錯誤の結果、今までの海外での食事体験を生かして「タコス」や「気まぐれチャンプルー」「自家製レモンパイ」「タコスピザ」などといった品をメニューに加えることにした。島の他店にはないメニューである。もちろんカフェ定番の「ブランチセット」や「手づくりハンバーグ」などの品も加えてある。

店を仕切るのは自分ひとりだし、本格的なグリルやフライヤーといった設備のない厨房では、凝った調理をこなせるわけもない。あくまで軽食ということで、メニューを整えたのであった。

自分なりにこだわったのはコーヒーで、これは最初から自家焙煎でいくことにしていた。そのためにスイス製の生豆焙煎機を落札したのだ。

島の飲食店で出されるコーヒーはみな内地のコーヒー問屋から仕入れたもの。島内には焙煎業者などはない。送料の関係でみなある程度の量をまとめて仕入れると思うのだが、どの店も毎日そんなに量が出るわけではないから、どうしても豆の鮮度を保てない。結果として、お客様は酸化した豆のコーヒーに遭遇する機会が増えるのである。

自分で焙煎をすれば、必要に応じてグラム単位の少量焙煎も可能である。挽いた豆の鮮度が保てるから、お客様には新鮮な豆のコーヒーを飲んでもらえる。細かなブレンドも自由にできるから、うちの店オリジナルな味付けも可能なのだ。

ヤフオクで落札した小型業務用のコーヒーマシンをフルに活用して「エスプレッソ」や「アフォガード」などのサブメニューも加えることができたのである。


さて、メニューが決まればそれに必要な食材を仕入れることになる。だが、内地の店と違い、これも大変であった。とにかく島の中には仕入先となるような問屋や中卸の店などないのだ。問屋の営業マンが巡回しているわけでもない。数少ない島の小売商店は商品の品数も限られ、価格も高い。

仕方がないので、必要な品はすべて内地の店を探して仕入れることになってしまった。もちろん仕入れにもヤフオクを活用したのは、いうまでもない。

たとえばお店の必需品、お米である。これも最近は各地の農家が自主流通米、自家米などをヤフオクに出品している。業者出品もけっこうある。出品価格も安いし、玄米を落札して自分で精米すれば、いつも新しいお米を使える。年間を通じて出品している人もいるから、品質のよい出品者をリストアップしておき、そういう出品中心に落札するわけである。もう一方の必需品、コーヒー生豆なども同じようにして落札、入手できるのだ。どちらも、かなり仕入れのコストダウンに貢献している。

メニューには輸入食材を使うものが多くなったこともあって、ヤフオク以外の仕入れはそういった品を主に扱う問屋さんが中心になった。ネット上に出店している業務用の食材を扱うお店である。

たとえばココナッツミルクひとつとっても、メーカー、価格など、扱う店によって大きく違ってくる。ネット利用なら容易に比較して購入することができるし、シーズンごとの特売なども見つけやすいのである。

結局、10社近くの問屋をリストアップしてパソコンの「お気に入り」に登録、必要とする品物ごとに各社の内容を比べながら仕入れをする形に落ち着いた。

欠点は、一定の仕入れ在庫を抱えてしまい現金の回転が悪くなってしまうことだが、これればかりは仕方がないのであった。交通不便な離島で、安く仕入れるための必要経費と割り切らないと、営業していけないのである。

ネット出店業者は、ほとんどの店でヤマト運輸が使えるし、クレジットカード決済がきくので個別に送金手数料もかからない。離島での営業では、こんなこまごました費用もまとまると大きなものになるのだ。

ただ、サラダに使う野菜などは地元の商店や農協の売店などで購入せざるを得なかった。内地なら生食用の珍しい野菜も入手可能だが、ここ大島にはそんなものはない。価格も高い。パプリカのような品も内地価格の倍近い値段なのである。

しかたなく、ごく一般的なサニーレタスやブロッコリーなどの使用で済ませなければならなかった。なかなか思うようにはいかない現実である。

結果として、わが店のような離島での開業で、仕入れコストを下げ、少しでも利益を生み出すためには、とにかくこまめに自分で動き回らなければならないということを実感させられたのであった。

ヤフオク取引の注意点

安全なオークション利用を考える

さて、店づくり・開業費用約２４０万円の内訳だが、その中心を占めるのは、やはりヤフオクの落札費用である。

わが店は、軀体部分の材料以外ほとんどの品をオークションで入手している。もちろん一部にはゴミを直接再利用した部分もあるが、完成した店内を見渡せば目に入るものの大半はヤフオクだといってもいい。

結果として私のヤフオク取引履歴は4桁１０００回に近く、幸い悪い評価はゼロである。業者ではない純粋な個人利用者としては、まあまあの取引実績ではないかと思う。最近では生活必需品も、まずヤフオクで探してみるというようになってしまっている。業者出品が増えてきているからだ。そんな経験からいわせてもらえば、ヤフオク利用にはそれなりの注意点もある。

まず、ネットオークションというのはあくまで個人間の取引、売買行為であって、基本的に自己責任の世界であるということだ。主催者であるヤフーには、何の責任も生じない。相手が業者の場合も基本は同じである。もちろん、お互いの信頼の上に取引が成立しているというのが前提だ。

だが、悲しいことにすべての参加者が善意のそれとは限らないのも現実。程度の差はあるが、なかには意図的に汚い取引を行なおうとする輩も（極少数だと思うが）いることはたしかだと思う。

当然、ヤフー側もその辺は認識していて、さまざまな対策や利用の手引きなどを公表している。オークションのトップから「安全な取引のために」のページに入れば、具体的な詐欺の手口なども知ることができる。

問題があると思われる落札代金振込先を「トラブル口座リスト」として公開、常に注意喚起しているし、独自の保障制度なども設けている。特に高額商品を入札する場合には、そういった細かな部分にも目を通しておくことは必要であろう。

ネットオークションは基本的にウェブ上だけでの取引となる。業者出品といっても実店舗を持たない業者もいるわけだから、ネット上の情報がすべてだと思っていたほうがいい。そういった状況の中で取引の安全性を確保していくためには、出品者情報の細かな観察が欠かせない。

これは私が常々実行していることでもあるのだが、出品者の取引履歴をよく見て、出品履歴が多いのか（売り手なのか）、落札のそれが多いのか（買い手なのか）は必ず確認する。売り手の場合は、どんな商品を出品しているのかという、過去の出品傾向を把握することも欠かせない。過去の取引に一定の傾向や実績がある出品者の場合は、それなりの安全性が確保されていると思われるからである。

注意しなければいけないのは、過去にたいした実績もないのに特定の高額商品を同時に複数出品している個人である。落札者が送金しても商品を送ってこない「一発屋」の可能性があるからだ。

海外からの出品や最新型の高額なノートパソコン、ブランド物の高級バッグ、人気の興行チケットなどの複数同時出品に入札するときは、慎重に相手の情報を確認したほうがいいと思う。

また、出品者の取引履歴に悪い評価がついている場合は、その評価の内容がどんなものなのか、「評価の詳細」ページを開いて確認することも大切だ。過去のトラブル事例の中にこそ、その出品者のリアルな姿が現われる場合が多いからである。

ただ、ヤフオクには俗に「履歴汚し」といって、取引回数が多くきれいな履歴の（悪い評価がない）出品者を狙って、わざと悪い評価をつけさせるような取引を仕掛ける輩もいるといわれている。過去に悪い評価がいくつかあるからといって、単純にその出品者が悪いと決め付けることができない面もある。出品者が被害者になっているケースもあるからだ。いたずら入札などその典型例であろう。

幸いなことにわが店づくりにおいては、ヤフオクでトラブルに遭遇したことは1回もなかった。いままでの１０００回近い取引はすべて何の問題もなく終わっている。

まあ、カフェの開店に必要とするような落札対象品が安いものばかりで、かつ、あまり人気のある（需要のある）品でなかったことも理由のひとつかもしれない。しかし、常に出品者情報に気を配り、あまり印象のよくない履歴を持つ出品者には近づかないで入札を見送ってきたことも、いままでの無事故につながっていると思うのである。

6章

ついに開店、カフェ「スペイキャスト」お店の今、そしてこれから

開店8ケ月で1000名のお客様が超える

店の滑り出しは、過疎の島としてはまあ順調であったといえるだろう。すべての建築作業が終わり、食品類の仕入れも済んで営業をはじめたのが5月末。最初の1週間はプレオープンとしてとりたてて何の宣伝もしなかったが、口伝えに話が伝わったのか、ぽつぽつとお客様が来てくれるようになった。

あえて宣伝をしなかったのにはそれなりの理由がある。

ひとつには、調理に自信がなかったからだ。もし開店広告を新聞折込などに入れて一度に多数のお客様が来てしまったら、すべての注文を一人でこなせるのか、いまいち自信がなかった。

お客様はこちらが慣れるのに合わせて、少しずつ増えてくれればいいと考えていたのである。まあ、みっともない話ではあるが、開店には個別の事情もあるのでしかたがない。

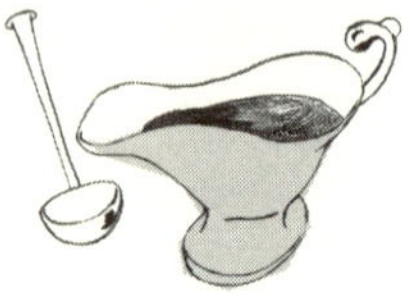

もうひとつは、島最大の宣伝媒体は「口コミ」だと考えていたからであった。内地とつながっていない離島、多くの人が顔見知り、という地域では、新しいことや変化はすぐに立ち話の題材となる。「だれそれが離婚した」なんてことは、あっという間に地元に知れ渡るのである。

その伝播力たるや、私のような他所者には想像もつかないほど強力なのだ。当然、この力を当てにしたのである。そして、それは半分正解であった。

お店をはじめてしばらくすると、まったく知らないお客様が増えたのである。何の宣伝もしていないのだから、口コミの成果としか思えない。おそらく「差木地《さしきじ》の奥に変わったカフェができたよ」「店内もちょっと凝っているよ」といった噂話でも伝わったのではないだろうか。

ありふれた木造の外観に対して、和風モダンで統一された内装が与える印象の強さなどが評判になった理由かもしれない。はじめて来店されたお客様から「わあ、ステキ」という声が聞こえてくるのである。

ただ、一部にはお店の内容がかなり偏った形で伝わってしまったのか、店のドアを開けるやいなや「ここはノーネクタイでも入れるのか?」といわれたお客様もいた。思わず笑ってしまったが、まあ口コミの限界でもあろう。今でも、敷居の高い店と思われている感もある。

もちろん内地の駅前や繁華街にある店ではないから、一日中お客様がいないときも多いのだが、日によっては何組もの方に来ていただけるようになった。ありがたいことに、その大部分はリピートのお客様である。

そして数ヶ月が過ぎ、なんだかやたらと忙しくなりはじめ、とても自分一人じゃやりきれないよ、なんていっているうちにお客様がトータル1000名を超えてしまったのである。多い日には1日に20数名のお客様に来ていただいた時もあった。そのほとんどが軽食のオーダー、つまり食事のお客様である。

店の周辺人口3000人、全体で9000人弱しかいない島の喫茶店で、この数字は悪くはない。人口自体が少ないのだから、まあ、曜日によって落差の大きいのは仕方がないとするしかない。

しかし、これほどまでに食事（軽食）のオーダーが多いとは思わなかった。しかもランチタイム、昼食時に集中していて、一人でこなせる限界を超えている。これはあきらかに誤算であった。オーダーに対応できる厨房になっていないからである。

人気メニュー「アジアのカレーセット」。カレー、ライス、サラダ、冷茶で880円

特に「タコス」「チャンプルー」など1人前ずつ手づくりする物は、一度に4人前のオーダーなど入ろうものなら、お手上げとなる。その調理に追われている間、ほかのお客様のオーダーは「ほったらかし」ということになってしまうのだ。

喫茶の時間に少しずつのオーダーがあることを前提として決めたメニューが、ランチタイムに対応できないものになっていたのだ。仕方がなく、メニューに「2人前しか対応できません」なんてお断りを書き込む始末である。

根本的に対応を考え直さなければならなかった。

暗転、店以外の多忙と体調不良で予約専門営業に

しかも困ったことに、その頃から私自身の他の用事がやたらと多くなりはじめたのである。店以外の用件でたびたび会議に出たり、内地に行かなければならなくなってしまった。今までのしがらみなどで引き受けざるを得なかった役職などの打ち合わせ、会議が急に増えてきたのである。

店の定休日で用事が消化しきれない場合は、臨時休業しなければならないような状況である。知らずに来られたお客様からは、「わざわざ行ったのに閉まっていた」という文句の電話が入りだす、といった按配になってしまった。

そんなこんなで、この時期、私の体調がいまいちすぐれなかったこともあり、しばらくの間、一般営業はお休み、予約営業のみに切り替えることにした。建築の疲れが出たわけではないが、年のせいかいまひとつ元気が出てこないのであった。

親しかった編集者や先輩写真家が次々と亡くなられたことも響いたのかもしれない。みな20代前半から付き合いのあった方たちだ。取材で全国を一緒に歩き周ったり、酒を飲んだり議論をしたりと、個人的にもずいぶんと面倒を見てもらった人も多かった。私が写真、カメラマンを止めて島に移り住むといった時も、叱ったり、引き止めたり、訪ねてきてくれたりした人たちである。

そんな親しい人が次々にいなくなると、たまに上京しても、いったいどこに行ったらよいのかわからなくなってしまう。お茶を飲みにいく相手がいないのだ。精神的にかなり落ち込んでいた頃だと思う。

体調が悪いからといって医者に診てもらっても「心療内科を受診してみては？」といった程度で原因などわかるわけがない。とにかく、お店を営業する元気が沸いてこないのであった。

仕方がなく、なじみのお得意様にはみな説明して、集まりや食事会などで使ってもらうときだけの営業に切り替えたのだ。しかし、臨時休業を繰り返していたせいもあるのか、その予約もそんなに多くはなく、1ヶ月に数件程度。つまり営業開始2年弱で事実上の開店休業状態になってしまったのであった。

3年後、再開。厨房床に異変が

厨房とトイレの床をつくり直す

その後、本格的に店再開の準備をはじめたのは2012年の5月、予約営業に切り替えてから3年少々の日々が過ぎた後のことであった。

それまで勤めていたかみさんが退職、店を手伝ってくれることになったのがきっかけであった。体調もなんとか元に戻り、この間、痛んだ厨房やトイレの床を張り替え、エアコンなども取り替えて、新たに再出発をすることになったのだ。

もちろん、床の張替え工事やエアコンなどの調達には、ヤフオクをフル活用したのはいうまでもない。

厨房の床がふにゃふにゃになってきたのは、竣工後5年近くなってきた頃からだった。流しの一番奥あたりが特にひどく、隣のトイレのほうに向けて、床を張り直す必要があるようだった。

店の再開を決めてから厨房内のすべての荷物を客席のほうに移動させ、ガスや水道配管を外して床板を剥がしてみると、床下の痛みは想像以上のひどさであった。

厨房の床下全体にカビが生え、垂木や大引きまで溶けかかっていたのである。材木の形を成していないのだ。これでは単に修復すればいいのではなく、全面張替え、つくり直しである。

床下に頭を突っ込みいろいろ観察した結果、床が腐ったわけは実に単純なことであった。建設時、コンクリの布基礎を打った時に、厨房、トイレ部分に空気抜きの窓を開けるのをサボったのである。小さな穴を1ヶ所開けておいただけなのだ。

布基礎に窓を開けるためには、そこの部分だけ型枠のコンパネに細工をして窓部分の型をつくらなければならない。これが結構めんどうくさい作業となるのだ。厨房とトイレ部分は最後に生コンを打ち込んだところで、腰も痛く疲れきっていたのである。そのため「土台はヒノキだから10年くらい大丈夫だろう」と、勝手に考えて手抜きをしたのだった。

そのつけがなんと5年で現われたというわけである。結果として、厨房部分の床下はほぼ密閉状態となり、風が抜けないので高温多湿、カビの温床と化したのだ。

これではいくらヒノキでも木材が腐らないわけがない。下手をすれば厨房部分だけでなく店の客席部分にも被害が及ぶところである。そうなったら床の本格的張替えとなり、大工事をしなければならない。

客席部分に被害が及ばなかったのは、そっちには数ヶ所、ちゃんと空気抜きの窓を開けておいたからであった。

仕方がないので、厨房、トイレ部分の床板を全面撤去し、地面にはビニールを敷き砂利を入れて防湿対策をした。その後、大引き、床根太もすべて交換、床全面を新しくつくり直さざるを得なかったのである。

ついでに、隣接したLP棚の床がその重量で少し下がっていたのも修正した。床下に複数のジャッキを当てて、床根太を持ち上げ、大引き、根太共に入れ直し水平を確保。床板の垂れ下がりを防いだのである。店内の配置換え、工事のための引越しも含めると、なんだかんだ、3ヶ月もかかる工事になってしまった。

新築よりも改築のほうが手間がかかり工事費は高くなる、とはよくいわれることだが、これも自分でやってみるとよくわかる気がする。建物の一部を壊して修理しつくり直す手間は、新しくつくる手間より大変なのである。

湿気でカビが生えた床下

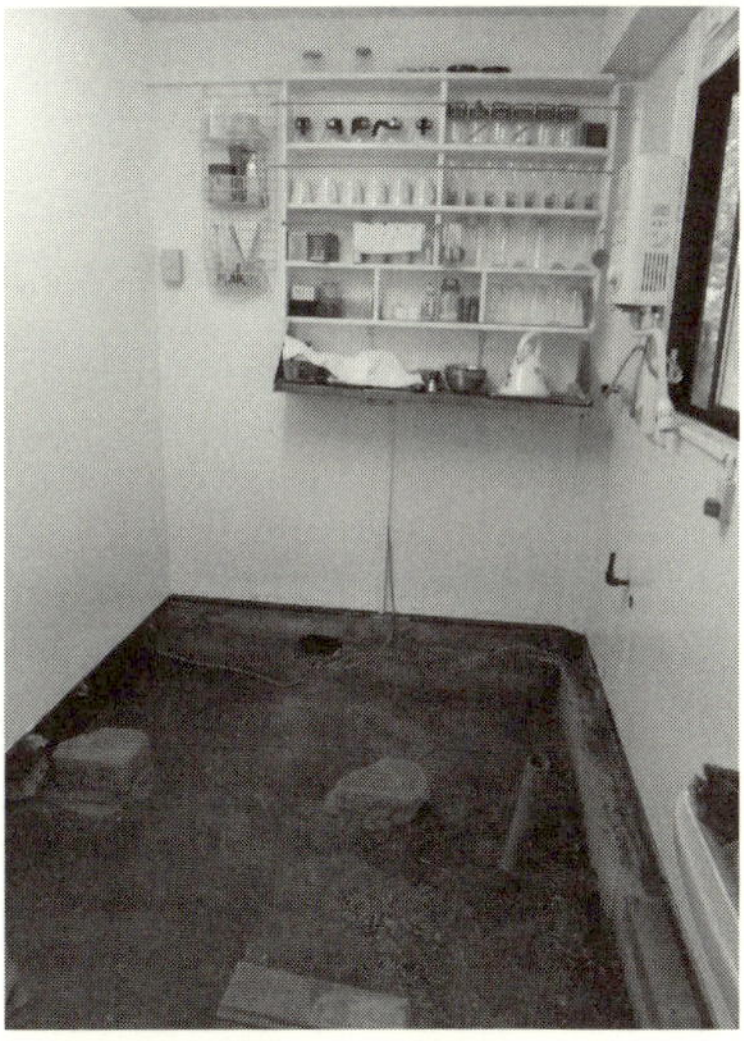

厨房の床を全面つくり直す

新しい経営方針、身の丈にあった営業を試みる

さて、2014年8月現在、店は順調に営業を続けている。新しく店のHPもたちあげ、スマホやPCからもアクセスできるようにした。無料サイトを利用した簡単なHPだが、結構効果があるから面白い。「ネットで調べてきました」などといいながら来店されるお客様が増えたのである。まさに、時代は変わったといえよう。

この間、私は10歳以上年をとり65歳になった。もはやどうあがいても「ジイサマ」の仲間入りである。このままいつまで営業を続けられるのか自分でもよくわからないが、健康なうちは店を開け、音楽を鳴らし続けたいと思っている。

正直、金銭的にはそんなに儲からない経営だが、わが店のように少しばかり毛並みの変わった店があることで、地域の多様性維持に少しは役立っているのではないかと考えてい

るからだ。離島、ここ大島のような小さな地域社会でも、その中にさまざまな多様性や選択肢があれば、住民はより豊かな生活を営むことができるようになると思うのである。

ただ、さすがに毎日の長時間営業はしんどく、体が持たなくなったので、営業時間はお昼から夜の6時まで。電話やメールで事前予約をいただいた時のみ夜間営業に対応している。しかも通年ではなく隔月、つまり奇数月のみの営業とすることにした。これでずいぶんと楽になったのである。

献立も喫茶メニューは従来どおりとしているが、軽食は大幅に縮小。評判のよかった自家製ハンバーグやタコスなどもすべてやめて「アジアのカレー」に特化。タイやスリランカなど、現地のカレー風料理を多少アレンジして数種類だけ提供することにした。開店時、軽食メニューを増やしすぎてオーダーに対応できず懲りたからである。

とにかく調理するのは自分一人なのだ。これは開店時も今も変わらない。ランチタイムにオーダーが集中した時に、狭いカフェ厨房で一人でもこなせるメニューにしておかなければならないのである。

それに、これらのメニューはみな旅先で何度となく食べているから、ある程度自信を持ってつくることができるのだ。

ただ、あと1～2品は軽食メニューを増やしたいとは考えている。いくら小さなお店でも、営業している以上、メニューのリフレッシュは必須であろう。お店の定番は大切だが、それにあぐらをかいていてはお客様の満足は得られないと思うからである。サブメニューの追加や入れ替えはそのためでもあるのだ。

さて、奇数月のみの隔月営業にすることは、かみさんとかなり話し合った結果で決めた。人生の残り時間が少なくなってくると、お店の営業以外にもやっておきたいことが目に付きはじめてくる。お金を儲けることも大切だが、歳と共にそれ以上に大切なものの存在が強く意識されはじめるようになるのだ。こればっかりは、若い頃には考えられなかったことである。

自分で自由に好き勝手な行動ができるのは体が健康なうちである。旅でもなんでも多少まとまったことをするには1ヶ月程度の期間は必要だ。それに、海外でB、C級グルメを食べ歩いたりすることは、新しい献立のヒントにもつながる。店の営業アイデアに結びつくことも多いのである。

もちろん畑仕事や薪づくり、家のメンテナンスなど、田舎暮らしではその他にやらなければならない仕事もある。店を休んだ偶数月は、そんなことのために使うようにしたのだ。うちのような個人営業の場合、お店の営業スタイルは、オーナーの年齢や営業に対する考え方、家族環境などで変わってくるのが普通であろう。年齢的に考えて10年前の開業時と今とでは、営業の形も変わって当然だと思う。

幸いなことに、再開店から2年近くが経過し、隔月営業も知れ渡ったようだ。最近ではお客様のほうが「次は○月ですね」などといってくれるようになった。あらためて苦情もないし、ご来店いただく数もむしろ増加気味だ。隔月営業も悪くないのである。

見渡せば、内地でも週末や限定日だけ営業するラーメン屋とかパン屋とかが増えている。そんなお店が有名店になっているとのテレビ報道もある。わが店の場合、まさに時代にマッチした、いや時代を先取りした営業スタイルなんじゃないか？ などと、1人でニンマリとしてみる昨今である。

ただ、いくら離島とはいえ、今のところ「隔月営業」などという飲食店が他にあるはずもなく、1ヶ月おきに開店したり閉店したり、おまけに音楽はBGMのみという、まさに名実共に「幻のジャズカフェ」となってしまった。まあ、残念といえばそのとおりなのだが、とにかく、歳には勝てないというのが偽らざる心境である。

おわりに　経験してみて考えること

店づくりを難しく考える必要はないと思う

都内からここ伊豆大島に移って25年を越す月日が流れた。この間、大小合わせて6軒の家や店を建てた。つくづく思ったのは、こういった木造の建物とは自分でつくればかなり安く建てられるということである。

家族5人がそれなりに暮らす程度の家なら、部分的にプロの手を借りたとしても約1000万円ほどでできてしまうし、浴室などの水周りが少ない簡単な店舗なら、その半分の費用もかからないのではないかと思う。

自分でやってみれば納得することだが、現在、建築技術の進歩も手伝って、ますます素人が建物をつくったり修理したりしやすい環境が整いつつあるということだ。工事の簡単な素材が開発されているのである。

木造建築だけに限らない。さまざまな形での店づくりが簡単になってきているのだと思う。中古の海上コンテナを再利用した店舗など、その典型であろう。

考えてもみてほしい。木造の建物ひとつとっても、建築業界は慢性的な人手不足で臨時雇いも多く、実際の建築作業現場で働いている下職には、「プロの大工」とは名ばかりの経験の浅い職人もいるのだ。

かつてはベテラン大工だけが可能であった軸組み在来工法の仕口細工だって、今はプレカット工法を利用する場合が多いといわれる。時間と経費の節約になるからである。材料を刻むのはベテランの大工ではなく、コンピュータでコントロールされた高精度の木工旋盤なのだ。

現場はそれを組み立てていくだけなのだから、原理的には大きなプラモデルを組み立てていくに等しい。「プロ」の現場にして、こんなに変化しているのである。

もちろんそれなりの基礎知識、技術やノウハウは必要だが、一昔前のように「素人はまったく手が出せない世界」というわけではなくなっているのだ。2×4工法などのように素人にもつくりやすい建築方法もある。

かたや、それなのに、である。建物の注文方法や手順、工務店の対応状況など施主を取り巻く建築業界のありようは、多くは旧態依然のまま。個人向け住宅・店舗建設業界は、最もイノベーションが遅れた世界であるように思われるのだ。

結果として、そういった状況のつけは、すべて施主に対する高額な建築費の請求となってまわされているのではないだろうか。

金融機関の住宅ローンのあり方も含めた、個人向け住宅・店舗ビジネスの構造そのものがすべて関連業者優先、エンドユーザーである施主・起業家に不利にできあがっていると思われるのだ。

新しく自分でお店を開業したいと思い、工務店などで店舗建築費の見積もりを取ってその金額の大きいことに驚くといった現状は、その辺のシステムが続く限り、変わらないのであろう。

こんな環境の中で、個人が既存の建築方法を前提として店づくりを考えていては、開業資金的に大きな負担になってしまう。それは開店してからの、経営そのものの負担にもなるのだ。開業のコスト高はお客様にも不利益となるであろう。

もっと身軽に、誰でも思い立ったらすぐに実践できるような開業システム、店づくりを考えていくことが大切だと思う。私が実践したセルフビルドやリユース、リサイクル品活用の店づくりなどは、その手っ取り早い方法のひとつであろう。

フツーの考え方にとらわれず、自分なりの開業を目指すために

考え方を変えたほうがいいのだと思う。

新規に店を開業するにしても、フツー（既成）の考え方にとらわれる必要はないのだ。自分の手持ちの条件と、やりたいお店のイメージにあった形を白紙から考えていくことが大切だと思うのである。

もちろん、お店だから店舗が必要なのは当然だが、それがフツーの「建物」でなければならないという必要はない。現に露天や屋台で営業している店もある。

今や、キッチンワゴンを使った移動店舗などは、都会では当たり前のようになってしまっているのだ。駐車スペースさえ確保できれば、そこが即「店舗」に早変わりするのであ

る。車1台で身軽に開業が可能である。つまりさまざまな方法があるということだ。

本文でも触れた中古海上コンテナの利用についても、工夫はいくらでもできる。借地に40フィートのコンテナを2台並べ、その間に大型のヤート（円形のテントの一種）を建て全体をひとつのお店にするなんてことも可能である。

コンテナ同士を木造の屋根や壁でつないで店舗にするなんて、本格的な建物のアイデアも出てくるであろう。木造部分を中古のプレハブ利用にすれば、さらに大幅なコストダウンが可能である。

要するに、手持ちの資金とアイデア次第なのだ。お店＝フツーの建物という既成概念にとらわれず、自分の頭の中にある店のイメージを実現するための方法を考えていけばよいのである。


また、今は貸し店舗に対する考え方も変わってきているようだ。

築50年、60年といった古い木造住宅をそのままお店に転用する例が増えているのである。内部を改造し、建物の古さを逆手にとって「昭和レトロ」を売り物にした飲み屋やレストラン、カフェなどが開業し、にぎわっているのだ。なかには「廃屋レストラン」などと呼ばれて繁盛している和食のお店もある。フツーなら明らかに不利となる条件を、お店の特徴として「ウリ」にしてしまったよい例であろう。

もちろん、古家が再利用されるのは経営上の合理的な理由がある。一般的に店舗の賃貸料は住宅のそれよりも高いのが常である。面積あたりの家賃もそうだが、特に契約保証金や敷金などが高額なのだ。それは開業資金の面で大きな負担になるのである。

それを避けるために、借り手の少ない古家、古民家を活用しているのだと思う。この手の古物件は意外と市街地中心部に多く、飲食店の開業立地条件を満たしている場合が多いし、賃料は周辺相場より安いのが当然だからである。

古い家なら内装の改造に対して大家も納得しやすいだろうし、自分たちで工事をすれば大幅なコストダウンも可能である。都市部の空き家が問題となっている現在、おおいに検討されていい開業方法ではないのだろうか。

セルフビルド、リユース、リサイクル、非建築物の利用など、それぞれ、あくまでひとつの選択肢、方法論にすぎない。しかし、店づくりに関する資金の調達が開業希望者にとって大きなハードルになっているとしたら、それをクリアするための有効な方法だと思うのである。

また、時間的なことをいえば、現在はサラリーマンだから、セルフビルドで店は建てられないなどと考える必要もない。たとえ勤めがあったとしても、週末大工で店をつくることだって可能なのだ。実際そのようにしてつくられ、営業している店もある。

今回参考にした『黒板五郎の流儀—「北の国から」エコロジカルライフ』(エフジー武蔵)という本は、そんな考え方、自分なりの店づくり、家づくりを後押しし、具体化するための実によい参考書だと思う。

要は、さまざまな事例を知り、自分なりの方法を考え、選択していくことだと思う。もちろん、相談するのは銀行ではなく、ポケットの中のお金である。

この間、自分で何軒かの家や店を建ててみて、実感としてそう思うのであった。

追記：セルフビルドで「フツーじゃない店」を建てるときは

フジテレビのドラマ「北の国から」の主人公、黒板五郎が建てた「拾ってきた家」（ゴミ再利用の家）にヒントを得てはじめた、わが店づくり。手持ちの資金が極端に少なかったことから、まねしてみた建物のつくり方だ。だが、実際に建ててみると、五郎さんのいう「フツーじゃない家」をつくるには法律面で若干のハードルがあることがわかった。

問題となるのは、建築確認の取得と基礎の構造である。この二つは密接に関係している。つまり基礎の構造が建築基準法（以下基準法）に適合していないと、確認申請を出しても建築許可がおりない、建物が建てられない、ということになってくるからである。

もちろん、それ以外にも構造計算に基づく壁量の確保など、注意すべき点はあるだろう。だが、全面ガラスの家などのような特殊な軀体構造の建物をつくろうとするわけではない。ほとんどの場合、建物そのものはフツーの形に近くなるはずである。その辺は大きな問題とはならないであろう。ポイントは基礎だと思う。

この建築確認、必要とされないケース、地域もあるからよく調べたほうがいい。一般的な100平方メートル（約30坪）程度の木造平屋建築物（住宅または店舗）の場合、基準法だけならその必要はないことになっている。建築面積、階数、高さ、軒高などが法で定められた基準に達しないからだ。

しかし、ここで新たなハードルが現われてくる。それが都市計画法だ。建築予定地が都市計画区域内の場合、10平方メートル（約3坪）以下の建物を除き、すべての建物に建築確認が必要になるのだ。

仮に、もし予定地が都市計画区域外であれば、その程度の建物なら建築確認は要らない。つまり確認申請を気にせず建物を建てはじめられるということになる。しかし、だからといって自由気ままな構造の建物を建てていいというわけではない。建築確認はあくまで事前チェックであって、基本的には建物の構造は基準法によって規制されていることに変わりはないからだ。

基礎に話を戻そう。いまの基準法では基礎は布基礎、べた基礎を用いるとされている。法文上にその文言はなくてもその施行令で「国土交通大臣の定めた方法」という形で規制がかけられているのだ。布基礎の構造上の最低基準も定められている。つまり、たとえ都市計画法上、建築確認が必要とされない地域であっても、最終的にはこの基準法施行令の基礎に関する規定が「フツーじゃない店」づくりのハードルとなるのである。

現在、この規制を厳密に適用した場合は、「掘っ立て」はもちろん、「ブロック基礎」や日本古来の伝統工法「石場建て」でつくる建物などの基礎すべてがダメということになる（文化財などの例外はある）。

しかし各地の事例では、車庫の建築確認でブロック基礎が認められたという話や、納屋の基礎高が20センチで認められたといったこともあるようだ。

地方によって都市化の状態も違うし、地域の歴史も違う。建築許可を出すのは各自治体の担当者だから、その辺は弾力的に運用されているのかもしれない。ただ、東京、大阪といった大都市、住宅密集地で、そんな弾力性を求めるのは無理であろう。

また、いまでも「石場建て」による伝統工法の家づくりをしている工務店などがある。おそらく構造計算などで安全性を証明して許可を取り、正式にこのハードルをクリアしているのだと思う。

法律面での家づくりの現場には、法の原則、実際の運用差、条件付の適応除外など、一言ではいい切れないさまざまな状況があるようだ。

さて、お金のない素人がこれらの法的なハードルを乗り越え「フツーじゃない店」をつくるには、どうしたらよいのだろうか。

ひとことでまとめてしまえば、これから新規に建物を建てようとするなら基礎だけは布基礎を打つ。また（都市計画区域内なら）建築確認を取ってしまう、ということになる。私の経験から得た結論である。

なんだ、なんの工夫もない常識的な結論じゃないか、といわれてしまうかもしれない。しかし、各種の法律による現在の建築規制状況を考えると、そのほうが（結果として）法に縛られない建物づくりができると思われるからである。

とにかく合法的な基礎さえ打ってしまえば、その上にどんな上物を建てるかということは、（細かな制約はあったとしても）基本的に施主の自由になるのだ。

五郎さんのいう「フツーじゃない家」づくりの本質は、お金をかけない家づくりということであろう。そこに「もったいない」という視点も加わるが、決して変わった構造の家をつくるのが目的ではないのだ。その点では、たとえ基礎を「フツーの家」と同じにしても、その本質から大きく外れてしまうことにはならないだろう。

たしかに布基礎を打つ出費が増えるのは厳しいが、たとえプロに頼んだとしても左官代はそう大きな金額にはならない。合法的に「フツーじゃない店」をつくるための「必要経費」と割り切ってしまったほうがいいと思う。

基礎はまさに建物の基本である。しっかりした基礎を打つことにすれば、軀体構造の選択肢も増えるだろう。そして、その後の建築作業、木工事も楽に進められることになるのだ。これは素人の家づくりにとって大切なことである。

また、確認申請書類や図面の書き方なども素人ができないというわけではない。どうしても構造計算が必要といわれたら、その部分だけプロの手を借りるという方法もある。多少手間がかかっても、これらのハードルだけはきちんとクリアしておいたほうが、後々の問題も少ないと思われるのである。

ちなみに15坪（50平方メートル）程度の布基礎なら、自分で打とうと思えばできる作業である。助っ人の相棒が一人いれば、なおさらスムーズに仕事を進めることができる。いまやネットで検索すれば、実際に基礎づくりをした人の体験談などいくらでも見ることができる。わからないところは調べておけばいいのだ。

作業にはランマーという地面を打ち固める機械が必要になるが、これはヤフオクに中古が多数出品されている。

価格はやや高めだが、自分の作業が終わったらきれいに清掃してヤフオクに出品、また売ってしまえばいいわけだ。実質的な出費は数万円程度に収まるであろう。そう大きな金額にはならないはずである。各地の建築機械リース屋などにも必ず置いてある機械だから、そこで借りるのも手である。

この程度の坪数なら鉄筋を組み込む作業もそんなに手間がかかるものではないし、事情を話してプロに応援を頼むか作業をしてもらうことも可能なはずである。

さて最後となった。法的なハードルではないが、セルフビルドで忘れてはいけない注意点がある。建築予定地の隣近所、周辺に住む人たちとの人間関係である。

わが家のように離島の片隅でお隣との距離が大きく離れていて、かつ何年もそこに住んでいるなら、勝手に一人で建てはじめたとしても特に問題はないかもしれない。しかし、そんなケースは少ないはずだ。

普通は自分で新しく建物を建てようとするなら、たとえ農山村の家がまばらな地域だとしても、周りの人たちとの関係には気を配らなければならないであろう。そこが市街地なら、なおさらである。

それでなくても「よそ者」がセルフビルドで建物をつくるなどという行為は目につくし、地域の関心の的になりやすいのだ。

建築予定地の近隣住宅の方たちにはもちろん、その地区の区長さんや町会長さんへの挨拶、事情説明はきちんとしておきたい。予想もしない誤解などが生ずるかもしれないからだ。

市街地の場合は、さらに防塵、防音など周囲に被害が及ばないようなハード面での対策も必要となる。これはプロの建築業者ならみなやっていることだし、セルフビルドだからやらなくていいということにはならない。たとえ経費がかかっても、この点はプロ並にやらねばならないことだと思う。

わが店の場合、建築地はかつて農業振興地域の指定を受けていたような場所である。当然、市街地ではなかった。そのため基準法にばかり気をとられ、都市計画法の確認をするのを怠っていたというお粗末さがあった。なんと、わが家を含めた大島全域が都市計画区域内だというのである。元町や岡田の住宅地区ならともかく、この前の集中豪雨で大災害を出したような三原山の急斜面まで含めて都市計画区域内というのは、どういう理由でそうなっているのか、さっぱりわけがわからない。しかし、知人の話でこのことがわかったのは、建物が完成した後だった。「時すでに遅し」だったのである。

まあ、今後どうするか、一度、いつも世話になっている建築士さんに相談しようと考えている。

これから新しくセルフビルドで建物を建てようとする方は、これらのハードルや注意点をきちんと調べて、しっかり対策を立てておいたほうがいい。たとえ予算がなくて「フツーじゃない店」をつくるとしても、敗戦後のようなバラックを建てるわけではない。お客様が安心して利用でき、かつ安全長持ちするという点では、まさに「フツーの店」を建てることになるわけだから。

著者略歴

馬場　仁（ばば　ひとし）

1948年東京生まれ、東京総合写真専門学校写真芸術科中退。フジテレビ写真室、同報道局社会教養部取材カメラマンを経てフリー写真家となり、田舎暮らしの現場などを中心に取材。田舎暮らしを実践するため、39歳で伊豆大島に移住。馬場自然農園を主宰し、養鶏や家づくりなどに取り組む。現在はカフェ「スペイキャスト」の店主。著書に『六ヶ所村―馬場仁写真日記』（ＪＰＵ出版）

「ヤフオク！」と「廃材」で格安開業！
自分の手で店をつくる

平成26年10月3日　初版発行

著　者――馬場　仁

発行者――中島治久

発行所――同文舘出版株式会社
東京都千代田区神田神保町 1-41　〒 101-0051
電話　営業 03（3294）1801　編集 03（3294）1802
振替　00100-8-42935　http://www.dobunkan.co.jp

ISBN978-4-495-52871-3
印刷／製本：萩原印刷　Printed in Japan 2014